HIER BIN ICH MENSCH

GOLDMANN
Lesen erleben

Buch

Wo fühlt ein Gast sich wohl? Bei Menschen, die ihre Arbeit gerne machen, mit Leidenschaft und Wärme bei der Sache sind. Die es verstehen, diesen speziellen Geist zu verbreiten – bei ihnen wollen Menschen sich treffen, zusammensitzen, miteinander reden.
Solchen Gastgebern gebührt Horst Lichters höchster Respekt. Er zeigt, dass es diese Orte gibt und was sie ausmacht. Orte, wo nicht der Status, nicht der Erfolg, nicht der Name zählen, sondern der Mensch.
Der Autor erzählt von guten Wirten, von Leuten, Schicksalen, witzigen Begebenheiten. Menschliche Geschichten, die sich überall zutragen könnten. Ein Buch, das den Leser wärmt, ihn berührt, ohne kitschig zu sein.

Autor

Horst Lichter ist der beliebte und geniale Entertainer unter Deutschlands Spitzenköchen: Wo Lichter kocht, isst oder erzählt, wird gelacht. Der Mann mit dem Bart hat die rheinische Frohnatur in unsere Küchen gebracht. Seine Bühnentouren sind ausverkauft, seine Bücher große Erfolge. Horst Lichters Fans lieben ihn für seinen Humor, seine Menschlichkeit – und für sein unbeschreibliches Erzähltalent.

Horst Lichter

HIER BIN ICH MENSCH

Geschichten, die
vom Leben erzählen

GOLDMANN

Verlagsgruppe Random House FSC® N001967

1. Auflage
Vollständige Taschenbuchausgabe Dezember 2017
Wilhelm Goldmann Verlag, München,
in der Verlagsgruppe Random House GmbH,
Neumarkter Straße 28, 81673 München
© 2014 Wilhelm Goldmann Verlag, München
Umschlaggestaltung: UNO Werbeagentur, München
Umschlagmotiv: Michael Wissing
Fotos: Michael Wissing
Satz: Lorenz & Zeller, Inning a. Ammersee
Druck und Bindung: Litotipografia Alcione srl, Trento
CH · Herstellung: IH
Printed in Italy
ISBN 978-3-442-17713-4
www.goldmann-verlag.de

Besuchen Sie den Goldmann Verlag im Netz

Alles falsch gemacht.

Und doch alles richtig geworden.

INHALT

„Erzähl doch mal!" – „Du meinst von dem …, na, wie
hieß der noch? Ich mein den, der immer … den kennst
du auch. Wat wollte ich noch mal erzählen, Jung?"
– Meine Oma (Omma) fing ihre Geschichten immer
so an. Und ich fragte sie immer so danach. Nach
Geschichten von früher. Und jedes Mal schlug sie ein
Kapitel von ihrem dicken Lebenserinnerungsalbum auf.
Und wenn sie erst mal angefangen hatte … ich konnte
stundenlang zuhören. Sie konnte aber auch stundenlang
erzählen. Heute kann ich stundenlang erzählen. Wahrscheinlich hab ich das von meiner Omma, schwerer
Erbschaden. Meganormal.

Setzt euch! Ich muss euch unbedingt was erzählen …

Kostprobe

Wenn einer richtig gute Geschichten zu erzählen hat, müsste es für mich noch nicht mal was zu essen geben. Obwohl ich für mein Leben gerne esse. Weiß jeder. Aber da könnte ich mich auch einfach dran satt hören.

Das steckt nicht nur in mir tief drin, glaube ich. Da sind wir wie du und ich. Da sind wir immer noch Neandertaler: Feuerchen machen, Fell untern Hintern schieben, Pfeifchen anzünden, und los geht's. Da wird dann erzählt und geraucht und geraucht und erzählt, bis auch die Birne raucht. Wahre Geschichten, erfundene Geschichten. Wahre Geschichten, die man nicht besser hätte erfinden können. Und irgendwann fällt man dann voll mit Geschichten in Tiefschlaf, und selbst da … na, was wohl? Geschichten.

Oder das dicke, schwarze Buch mit der Goldkante, die Heilige Schrift, randvoll mit nix als Geschichten. Genesis (Jennesiss), die Schöpfungsgeschichte. Die Story, mit der alles anfing. Diese uralte Urgeschichte, nacherzählt vom alten Moses. Der erzählt, was Gott in sieben Tagen alles Dolles erschaffen hat. Sieben Tage und Nächte. Rund um die Uhr musste der ran. Der hatte noch keine Fünf-Tage-Woche. Gab ja auch noch keine Gewerkschaften weit und breit. Stattdessen kein Licht, demnach auch keinen Lichter, kein Wasser, kein Land, kein Himmel, keine Sterne, keine Tiere, keine Vögel, keine Menschen.

Es ist eine sehr kurze Erzählung, in der aber alles schon drinsteckt, was eine gute Geschichte ausmachen muss. Es ist der Urknall aller Geschichten. Peng! Plötzlich ist der liebe Gott da und setzt den Anfang von Welt und Zeit.

Kann man glauben, muss man aber nicht. Aber eine tolle Geschichte ist es trotzdem. Später hat man sogar ein Buch draus gemacht und Bibel auf den Titel geschrieben. Clever. Die haben kapiert, dass man mit guten Geschichten Leute einfangen kann.

Ich liebe Geschichten. Ich erzähle total gerne. Ich mag kurze wie lange Geschichten. Die Länge ist mir echt egal, auf die Technik kommt's an.

Der Witz ist ja bekanntlich die kürzeste aller möglichen Geschichten. Einer meiner absoluten Lieblingswitze lautet: „Treffen sich zwei Jäger. Beide tot." Ich kann den immer wieder hören – und natürlich erzählen. Der nutzt sich nie ab.

Es gibt aber auch eine ganz, ganz kurze Story vom großen Meister Hemingway. Sie ist das totale Gegenteil von meinem Lieblingswitz: Mit einem Kumpel ging Hemingway eine Wette ein, dass er eine Erzählung in weniger als 10 Worten schreiben könnte. Er hat nur sechs gebraucht: „For sale: baby shoes, never worn."

Als ich das zum ersten Mal gelesen habe, hat es mich umgehauen. Ich war sofort wieder mittendrin in meinem Film, in einer Episode aus meinem eigenen Leben, die viele Jahre zurückliegt. Eine Geschichte, die mir sehr wehgetan hat. Trotzdem liebe ich diese Hemingway-Story. Auch diese Geschichte.

Die Geschichten lieben aber auch irgendwie mich. Ich ziehe sie magisch an. Die müssen merken, dass ich sie sehr, sehr lieb habe. Sie laufen mir zu wie herrenlose Hündchen. Dann steht einer vor mir, ein Herrenloser, und Hundeaugen treffen auf Dackelblick (ich). Wir sind sofort per Du, und der Köter ist nicht mehr herrenlos. Und dann kommt auch schon die nächste Geschichte angewackelt und die nächste. Und ich will sie alle behalten.

Wer mich nur ein bisschen kennt, weiß, dass ich einen Sammeltick habe. Mein erstes eigenes Restaurant, die Oldiethek in Rommerskirchen-Butzheim, war ein Sammellager für alte Autos, Motorräder, Antiquitäten, Kitsch, Trödel, Zeugs. Ausgestattet war die Hütte mit Möbeln vom Sperrmüll. Gekocht habe ich auf einem alten flämischen Ofen, nix Gas, nix Induktion. Feuerchen, Leute!

Im Januar 1990 habe ich die Oldiethek aufgemacht. Ich hatte mir einen Ort zum Wohlfühlen geschaffen, mit Feuer in der Mitte; aber auch einen dicken Klotz am Bein. Die Gäste haben mir dummerweise nicht sofort die Bude eingerannt. Ich hatte meine ganze Kohle da reingesteckt. Dass ich notorisch knapp bei Kasse war, ist ein offenes Geheimnis gewesen. Gott sei Dank hatte ich aber doch ein paar Gäste, die kamen. Und die brachten mir sogar was mit: manchmal altes Geschirr, Besteck, Tischwäsche und Krimskrams, der bei mir dann sein zweites Leben lebte.

Ich habe alles brav behalten, alles verstaut, benutzt, gebraucht. Nicht weil ich den Gästen gefallen wollte, sondern weil mir das alte Zeugs gefiel. Schließlich klebte an jedem alten Ding auch eine Geschichte. Und mit jedem neuen alten Ding und jedem Gast kamen neue Geschichten dazu.

Eines Tages trat eine ältere Dame durch die Tür. Sie war in Begleitung gekommen. Ein altes Fahrrad war ihr Begleiter. Sie hätte gehört, dass ich so ziemlich alles gebrauchen könnte, was andere nicht mehr haben wollten. Ob sie das Fahrrad bei mir lassen könnte. „Das Fahrrad", fragte ich sie, „ob ich das gebrauchen kann? Ich habe, glaube ich, schon einige davon, aber der Trend geht ja zum Zweitdutzend."

Sie erzählte mir, dass dies nicht irgendein Fahrrad sei. Es wäre das Rad, mit dem ihr Mann 1949, aus russischer Kriegsgefangenschaft kommend, nach

Hause geradelt sei. Da war ich platt. Wieder so eine Geschichte. Diesmal war sie auf zwei Rädern dahergekommen. Für viele Menschen wäre es wohl trotzdem ein altes, klappriges Schrottrad gewesen. Sie hätten nur das gesehen.

Vielen ist heute der genaue Blick verloren gegangen. Bei mir hat er sich über viele Jahre immer noch geschärft. Ich habe den lupenreinen Schatzsucherblick. Auch wenn ich meine Brille absetze, kann ich im Gewöhnlichen das Ungewöhnliche erkennen. Ich finde die Trüffel, die sich unter verwelktem Laub in der herbstlichen Erde versteckt haben.

Und genau darum geht es in diesem Buch. Ums Essen, das hält Leib und Seele zusammen. Und um Geschichten, die ich ausgrabe, die mit den Menschen zu tun haben, die das Essen machen oder die Zutaten dazu liefern. Deshalb habe ich mich aufgemacht, die unterschiedlichsten Betriebe besucht, hinter die Kulissen geschaut und meine schönsten Geschichten zusammengetragen. Habe mir und anderen viele Fragen gestellt und nach Antworten gesucht.

Für mich ist der Mensch aus seinen vielen Geschichten gemacht. Diese Geschichten halten ihn zusammen. Es sind die wahren Geschichten aus dem echten Leben; mitunter auch erfundene, die sie sich so oft erzählt haben, bis sie für sie wirklich so passiert sind. Der Mensch vermischt das alles gerne, je älter er wird.

Ich hatte keine Ahnung, was mich erwarten würde bei meinen Besuchen. Ich wusste nur, dass ich selbst ganz sicher viel dabei lernen würde. Genau darum geht es mir hier – um Menschen, um ihre Geschichten und was wir daraus lernen können. Um das Miteinander und die Art und Weise, wie wir selbst mit unseren Wünschen und Träumen umgehen – und was wir daraus machen.

Darüber war mir noch etwas wichtig: Um Gedanken und Erlebnisse, die mich immer wieder beschäftigen, wenn ich auf Reisen bin. Um Orte, an denen ich mich wohl fühle, um Situationen, die mich aufregen – und um die Frage: Warum ist das so?

Mittlerweile bin ich rund 280 Tage im Jahr unterwegs, das heißt: 280 Nächte im Hotel. Mein Leben hat sich gewaltig verändert – und die Erfahrungen, die ich auf Reisen gemacht habe, haben mich nachdenklich gestimmt. Du erlebst so viel Mist, wenn du auswärts essen willst, und ich frage mich so oft: Sag mal, wo sind denn nur die richtig guten Gasthäuser geblieben, die, wo du gerne bist und wo das Essen noch richtig lecker ist? Warum ist das so schwer, die zu finden? Ja, was passiert da eigentlich? Was ist da los?

Ich bin mir sicher: Nicht wenige Menschen fragen sich das auch, egal ob sie viel oder nur hin und wieder unterwegs sind. Sie sehnen sich nach diesen Orten, wo man sie – wie früher – ehrlich willkommen heißt.

Und so hat sich für mich immer mehr die Frage herauskristallisiert: Worum geht es denn bei guten Gasthäusern eigentlich? Was macht diese Häuser aus?

Ich glaube es für mich zu wissen: Es geht um das Menschliche, um das Miteinander, es geht um die Freude und um das echte Interesse. Es geht auch um: Respekt! Um die Tradition und um die alten Werte, denn die dürfen uns nicht verloren gehen. Die sind zeitlos, und die sind absolut wichtig, die haben Bestand, die überleben sich nicht.

Erste Treffen sind für mich nicht schwierig. Wenn man jemandem neugierig, freundlich und mit Respekt begegnet. Du musst den anderen sehen! Dich für ihn interessieren. Du glaubst gar nicht, wie einfach das ist, wenn du dich für dein Gegenüber interessierst. Du öffnest bei den Menschen einen Sprudel, manchmal brechen sogar Dämme. Und dann musst du deine Lauscher ganz weit auf Empfang stellen – und dein Herz öffnen. Sie müssen dir vertrauen, du musst ihr Vertrauen zu schätzen wissen.

Du kannst so viel dabei lernen und für dich mitnehmen, du erfährst Dinge, die dich beschäftigen, zum Nachdenken bringen und dein Denken verändern. Lustiges und Verrücktes, Unerwartetes und Unfassbares, Trauriges und auch tief Bewegendes. Begebenheiten, die du dein Lebtag nicht mehr vergisst. Weil sie so schön sind, weil sie so unglaublich sind oder weil sie dich unheimlich tief berühren und auf Gedanken bringen, die du so noch nie gedacht hast.

Ja, du blickst in dein Innerstes und begreifst, was für dich selbst wichtig ist, was wirklich zählt und was du brauchst, um zufrieden und glücklich zu sein.

Grönemeyer singt: Und der Mensch heißt Mensch / Weil er vergisst / Weil er verdrängt / Und weil er schwärmt und stählt / Weil er wärmt, wenn er erzählt (…) Und der Mensch heißt Mensch / Weil er irrt und weil er kämpft / Und weil er hofft und liebt / Weil er mitfühlt und vergibt

Solche Menschen habe ich getroffen. Kommt mal mit, Leute …

DAS EINZELSTÜCK

Schlachterbörse
HAMBURG

In der Schlachterbörse triffst du reichlich bekannte Namen. Aber bei
Wolfgang Süße sind alle gleich, ob sie einen Namen haben oder nicht.
„Du hast ja nicht angekreuzt, wo du hinwillst, wenn du auf die Welt
kommst", sagt er dazu. Er ist der Gastwirt für alle. Diese Größe hat ihn
groß gemacht.

Als ich dann vor dem Laden stand,
draußen schon dunkel, drinnen alles
erleuchtet, dachte ich: Meine Herren, das
sieht ja aus wie in deiner Oldiethek. Da
gehst du jetzt rein und fühlst dich gleich
wie zuhause.

„1978, da waren die Bee Gees hier, als alle drei noch lebten."

Ja, natürlich, denkt man, lebten die da noch. Aber das ist gar nicht das Bemerkenswerte an diesem Satz, der dem Senior Wolfgang Süße so beiläufig über die Lippen kommt. Es ist die Art, wie er diesen Satz spricht: beiläufig eben, so ganz nebenher, als seien gute Freunde wie zufällig auf einen Sprung vorbeigekommen, hätten eben mal reingeschaut, um „Hallo" zu sagen, die Ehefrauen und die Kinder gleich noch im Schlepptau.

1978 – das waren die Bee Gees und ihr „Stayin' Alive". Was in diesen beiden Wörtchen drinsteckt, könnte man glatt als das Lebensmotto des Wolfgang Süße verstehen.

Ich bin ja ziemlich oft in Hamburg, wenn ich im Studio bin für „Lafer! Lichter! Lecker!" und für die „Küchenschlacht". An irgendeinem Abend hatte ich noch keine Lust ins Hotel zu gehen und mein erstes Date mit der Schlachterbörse. Eigentlich war ich platt, aber ich musste mich ja noch von meinem Johann erholen. Also rein ins Taxi und ab zur Schlachterbörse, von der ich schon so viel gehört hatte.

Als ich dann vor dem Laden stand, draußen schon dunkel, drinnen alles erleuchtet, dachte ich: „Meine Herren, das sieht ja aus wie in deiner Oldiethek. Da gehst du jetzt rein und fühlst dich gleich wie zuhause." Heute geht es mir wieder genauso.

Es ist Montag, kurz nach 19 Uhr und die Schlachterbörse schon rappelvoll. Saturday Night Fever auf Hamburgisch. Wie soll das hier erst am Ende der Woche abgehen?

Während ich vor meinem inneren Auge John Travolta sehe, wie er den Hüften schwingenden Tänzer bei „Stayin' Alive" gibt, und dazu die Gibb-Brüder im Ohr habe, wie sie die Zeile „I'm a woman's man, no time to talk" trällern, sitze ich mit Wolfgang schon in einem der zahlreichen gemütlichen Eckchen der Schlachterbörse. Ganz anders als Travolta, hat er sehr viel Zeit zum Plaudern. Er spricht auffällig leise. Und es ist nicht nur der Sound, der mich packt. Nach wenigen Sätzen klebe ich an seinen Lippen.

Er stammt aus dem schönen Baden-Baden. Schon früh lief es bei ihm auf Küche hinaus. Ausbildungstechnisch kommt er aus bestem Hause, hat mit 14

Alte Häuser können ja immer viel erzählen, alte Hotels sowieso. Wolfgang ist für mich wie so ein altes Haus, das tausend Storys auf Lager hat. Du kannst bei ihm wahllos ein Türchen oder ein Fensterchen aufmachen, und du weißt: Dahinter wird es garantiert spannend.

ALT-HAMBURGS-ORIGINALE

AALWEBER   CITRONENJETTE   HUMMEL-HUMMEL!   KIRCHHOF   MATTLER

im Brenners Park-Hotel angefangen und da Koch und Hotel gelernt. Die Küche hatte auch schon immer Sterne. Was sollte für den jungen Wolfgang Süße da noch kommen?

Alte Häuser können ja immer viel erzählen, alte Hotels sowieso. Wolfgang ist für mich wie so ein altes Haus, das tausend Storys auf Lager hat. Du kannst bei ihm wahllos ein Türchen oder ein Fensterchen aufmachen, und du weißt: Dahinter wird es garantiert spannend.

Nach seinen Anfängen in der Baden-Badener Gastronomie zog es ihn raus, raus in die sogenannte Welt. Während seine Küchenfreunde mal eben über die Schweizer Grenze machten, um in Zürich oder St. Moritz die höheren Weihen des Schweizer Gastronomie- und Hotelfachs zu empfangen, ging Wolfgang nach St. Peter-Ording. Was für eine Entscheidung! Die anderen nach St. Moritz, er nach St. Peter-Ording.

Peter-Ording, wie er sagt, war zwar auch ganz oben, aber blöderweise nur geografisch.

„Vor Peter-Ording war noch der Spessart. Ich hab vier Jahre in Marktheidenfeld das Weinhaus Anker geführt und da meine Frau Margit kennengelernt."

Mit seinem Schatz schmiedete er Pläne. Als Wolfgang mit ihr nach Peter-Ording ging, um im Ordinger Hof anzuheuern, gab es die Schlachterbörse schon ein Menschenleben lang, genau seit 1904. In Peter-Ording hatte ihn jemand angesprochen:

„Hier wirst du nie was, mein Jung'."

Der Unbekannte, der laut Wolfgang wie Hans Albers sprach und auch so einen langen Ledermantel wie der blonde Hans trug, war Herr Tscharnke, bis dahin der Chef der Schlachterbörse. „Komm mal nach Hamburg, da zeig ich dir, wie Geldverdienen geht."

„Ich bin in Peter-Ording ja nur auf Eisschollen rumgelaufen, das war nichts für mich. Und der Tscharnke suchte einen Nachfolger für seine Schlachterbörse. Mit meinem alten Käfer bin ich dann gleich an meinem freien Tag nach Hamburg, bei Glatteis, neun Stunden für 150 Kilometer."

Die Schlachterbörse war Treffpunkt der Großschlachter, Schlachter, Viehhändler. Eine Art Zuhause für die Männer während der Pausen. Hier wurde Schnaps getrunken, geraucht, geredet, Skat gekloppt, gelacht, geschwiegen, Vieh gehandelt. Zu essen gab es nur, was sich die Männer mitgebracht hatten:

Butterbrote, Henkelmann. Die Gesellen der Schlachter mussten das Eisbein in Eimern vom Schlachthof holen. Die Schlachter stocherten dann mit der Gabel in den Eimer und ihre Portion raus.

Natürlich wurde auch gehandelt. Dienstags und donnerstags war Auftrieb. Viehhändler feilschten per Handschlag um Rinder und Schweine: „Du, 20 000 Rinder. Du, 12 000 Schweine." Alles Lebendvieh.

Wolfgang erzählt von seinem ersten Mal Schlachterbörse.

„Da hat man die Arbeit gesehen. Da saßen Schlachter in ihren schmutzigen Kitteln an ollen Holztischen, aßen ihre mitgebrachten dicken Brote, an der Theke gab es nur Schnaps und Bier, und in der Ecke brannte ein Feuer im Kachelofen. Margit und ich sahen uns an: Was war das denn für eine Kaschemme? Na, toll, dachte ich. Was für ein Ding. Meine Frau und ich kannten aber die Restaurants um den Pariser Schlachthof. Wenn das da geht, warum hier nicht auch, haben wir uns dann gesagt."

Inzwischen sind mal eben 40 Jahre vergangen.

Als ich selbst vor ein paar Jährchen das erste Mal hier gewesen bin, war mein erster, flüchtiger Eindruck: Der verkauft Mengen an Massen. Und irgendeine Zeitung hatte geschrieben, man säße in der Schlachterbörse „zwischen Steaks und Stars". Ja, die Promis sind auch hier. Und nicht wenige.

„Bill Gates, Michael Jackson, Günther Jauch, der Abramowitsch, kommt immer mit seinem Heli, Antonio Banderas, Barbra Streisand – die sitzt immer da drüben –, Boris Becker, Thomas Gottschalk, Woody Allen, Udo Lindenberg, Helen Schneider, Nicolas Cage, Verona Pooth, Tommy Haas, Udo Jürgens … Udo ist seit Jahren Stammgast, wenn er in Hamburg auftritt, isst er bei uns. Manchmal kommt er mit Pepe Lienhard und seinen Jungs, und es gibt noch eine Spätvorstellung bei uns, er ruft aber vorher an. Da, da drüben hängt ein Fax, eingerahmt, das Udo uns zum 30. Jubiläum geschickt hat. 30 Jahre im Dienste der Lebensfreude. Glückwunsch an Euch und Eure Schlachterbörse. Euer Udo. Ich weiß auswendig, was da drinsteht."

Ja, reichlich bekannte Namen. Aber bei Wolfgang sind alle gleich, ob sie einen Namen habe oder nicht.

„Du hast ja nicht angekreuzt, wo du hinwillst, wenn du auf die Welt kommst", sagt er dazu.

Ich würde sowieso sagen: Die Steaks sind die Stars. Klar kommst du dir an manchen Tagen vor wie in der VIP-Lounge der Lufthansa, aber das mischt

Der Fortschritt ist auch mal irgendwann an diesem Laden vorbeigekommen. Es war Abend. Der Fortschritt hat durch die beleuchteten Fenster reingeguckt und dachte: „Ne, kann so bleiben. Muss sogar so bleiben." Und weg war er, der Fortschritt. Ist einfach an der Schlachterbörse vorbeigelaufen. God save the Queen!

sich. Die ganz normalen Leute sind in der Überzahl. Und Wolfgang hat für jeden, der reinkommt, ein freundschaftliches Wort parat. X-mal steht er kurz auf an diesem Abend und begrüßt Gäste wie seine Freunde. Für Wolfgang ist jeder Gast Gast. Und vor den Gerichten, die serviert werden, sind sowieso alle gleich.

Wenn du zum allerersten Mal vor so einem Teil, vor so einem gewaltigen Stück Fleisch sitzt, musst du schlucken.

„Die Werbung liegt bei uns auf dem Teller, gutes Fleisch, große Portionen", sagt Wolfgang.

Die vielen Leute kommen aber nicht nur hierher, weil es megagroße Steaks und Ochsenkoteletts gibt. Es gibt auch megageile Geschichten.

Eigentlich brauchst du gar nichts mehr zu essen, du kannst dich an den Geschichten satt hören.

„Wenn mal ein Rindvieh ausgebrochen war", erzählt Wolfgang, „ging einer der Schlachter zu seinem Auto und holte seine Neun-Millimeter aus dem Kofferraum: ‚Lass mal', sagte der, ‚da brauchen wir keine Polizei.' So ging das."

Einmal hat es im Viertel Krawalle gegeben, Hausbesetzer.

„Das war am 5. Februar 1990", sagt Wolfgang. „Das werde ich nie vergessen. Meine Frau war im Laden und rief mich an.

‚Was soll ich machen, Wolfgang, die randalieren draußen!'

‚Schließ ab, Margit', habe ich gesagt. ‚Ich komme.'

Ich bin dann sofort hin. Ein paar hatten es schon ins Hinterhaus, Kampstraße 40, geschafft, wo sie reinwollten. Wir sind ja 41, wenn da was losgegangen wäre, hätten wir auch was abgekriegt. Da ging es auch um uns.

Ich habe sofort telefoniert. Nein, nicht mit der Polizei, die war ja schon da. Ich kannte einen vom Verfassungsschutz, der war Stammgast bei uns. Ein hohes Tier. ‚Wenn du mal Probleme hast, Wolfgang, ruf mich an', hatte er irgendwann zu mir gesagt. Jetzt hatte ich welche. Er ging direkt ans Telefon, keine Sekretärin oder so. Ich erzählte, was los war.

‚Ich kümmere mich', sagte er.

Zwanzig Minuten später war er wieder dran:

‚Steig auf den Tisch am Fenster, schau rüber zum Schlachthof, Wolfgang, um 14 Uhr erfolgt von dort der Zugriff.'

Um Punkt 14 Uhr wurde es ungemütlich. Alles wurde umgehend geräumt. Danach war es bei uns wieder so gemütlich wie vorher.

Wer in die Schlachterbörse kommt, trifft auf handgemachte Gemütlichkeit. Vergilbte Geldscheine hängen an der Wand neben dem Tresen und überall die Fotos von prominenten Gesichtern. Der Laden ist ein Sammelsurium aus Dingen und Geschichten, ein wahres Kuriositätenkabinett. Total unmodern.

Der Fortschritt ist auch mal irgendwann an diesem Laden vorbeigekommen. Es war ein Abend, vielleicht einer wie dieser im grauen November. Der Fortschritt hat durch die beleuchteten Fenster reingeguckt und dachte: „Ne, kann so bleiben. Muss sogar so bleiben." Und weg war er, der Fortschritt. Ist einfach an der Schlachterbörse vorbeigelaufen. Gott save the Queen!

Klar, dass das nicht ohne Spätfolgen geblieben ist. Die Schlachterbörse hat zum Beispiel seit dreißig Jahren die gleiche Speisekarte. Trotzdem oder genau deshalb ist die Schlachterbörse heute eine der angesagtesten Adressen in Hamburg. Was das heißt? Wer so erfolgreich ist wie Wolfgang, muss ziemlich viel richtig gemacht haben.

„Solche Dinge können nur passieren, wenn du nichts einforderst. Das muss wachsen."

Wolfgang ist heute eine lokale Größe im wahrsten Sinn des Wortes. Aus dem Koch und Kofferträger der feinen Leute im Brenners ist der Gastwirt, Kaufmann und Manager mit dem richtigen Riecher geworden. Wie hat er das nur geschafft?

„Wenn dich ein Jungspund fragt, wie es geht, was sagst du ihm dann?"

„Fleißig sein, durchhalten, man muss dabeibleiben. Es kommen viele Tiefschläger. Ich hab nie gedacht, ich schmeiß hin, immer nach Lösungen gesucht", antwortet Wolfgang.

Ob das denn schon das ganze Geheimnis ist, will ich wissen.

„Du musst die eine Sache machen, die du wirklich gut kannst, und wenn du die dann auch noch gerne machst, merken das die Leute und kommen gerne zu dir. Das passt einfach zusammen. Du freust dich über die vielen Gäste, die gerne zu dir kommen, und das törnt dich nochmal an. Der Gast ist glücklich, du bist glücklich, der Funke springt hin und her, der Kreis schließt sich. Und in diesem Kreis dreht sich das ganze Geschäft. Und wenn du keinen Blödsinn machst, passiert noch was: Der Kreis wird größer, immer größer. Toll, denkst du, kann so weitergehen. Dann können Gedanken kommen, die können gefährlich sein. Das sind die Mehr-Gedanken, Expansionsfantasien, da ist der Weg zum Größenwahn nicht mehr weit. Warum nur ein Laden? Warum nur

eine Schlachterbörse? Warum den Erfolg nicht multiplizieren? Vergiss es ganz schnell wieder. Du musst dir immer wieder sagen, dass du auch deshalb Erfolg hast, weil es nur eine Schlachterbörse gibt. Das Original. Ein absolutes Unikat. Was ganz Besonderes. Wenn du versuchst, das zu kopieren, ist es aus. Der Anfang vom Ende."

Die Schlachterbörse hat Wolfgang jetzt seit den Anfängen der siebziger Jahre. Anfangs hatte er nur acht Stunden auf.

„So konnte ich auf Dauer kein Geld verdienen. Dann die Rundumkonzession und 24 Stunden, eine Stunde zum Putzen, eine Bedienung dazu, ich hab zwischendurch im Keller gepennt. Neue Gäste kamen dazu: die Nachtschwärmer aus den Bars, die hatten schon wieder Hunger und wollten Champagner. Ich hatte gar keinen Champagner zuerst."

Seine Frau Margit setzt sich zu uns. Tochter Jasmin mit Enkelin Clara kommt dazu. Und auf einmal hast du drei Generationen Süße am Tisch.

„Bei meiner Schlachterbörse war das wie mit meiner Frau: Ich sah sie und wollte sie."

Sie lacht.

„Na, ein bisschen anders war das schon mit mir. Mir ist er hinterhergerannt und hat gefragt, ob er mir in den Mantel helfen darf. Die Schlachterbörse war nicht unbedingt Liebe auf den ersten Blick. Aber es hat schnell gefunkt, das stimmt. Seitdem sind sie unzertrennlich."

„Und du warst nicht eifersüchtig, Margit?"

„Der Wolfgang ist so 'n Verrückter wie du, Horst. Dafür hab ich immer auf die Kohle aufgepasst."

„Machst du auch das Licht aus hinter ihm und drehst die Heizung ab, wenn ihr mal wegfahrt?"

„Logisch."

„Echt? Genau wie meine Frau …"

Wolfgang hat das Geschäft schon länger an seine Jüngste, Jasmin, übergeben.

„Wir haben zwei Töchter, Yvonne und Jasmin."

Jasmin ist mit Enkelin inzwischen in der Küche verschwunden.

„Sie hat in London Kunst studiert, brotlose Kunst", erzählt Wolfgang weiter. „Wir haben ihr gesagt, dass sie das aber machen kann, wie sie will. Als sie fertig war, hat sie uns immer mal wieder für ein oder zwei Tage vertreten. Dann mehr, dann ist sie da reingewachsen. Und nun ist sie erst mal ganz im

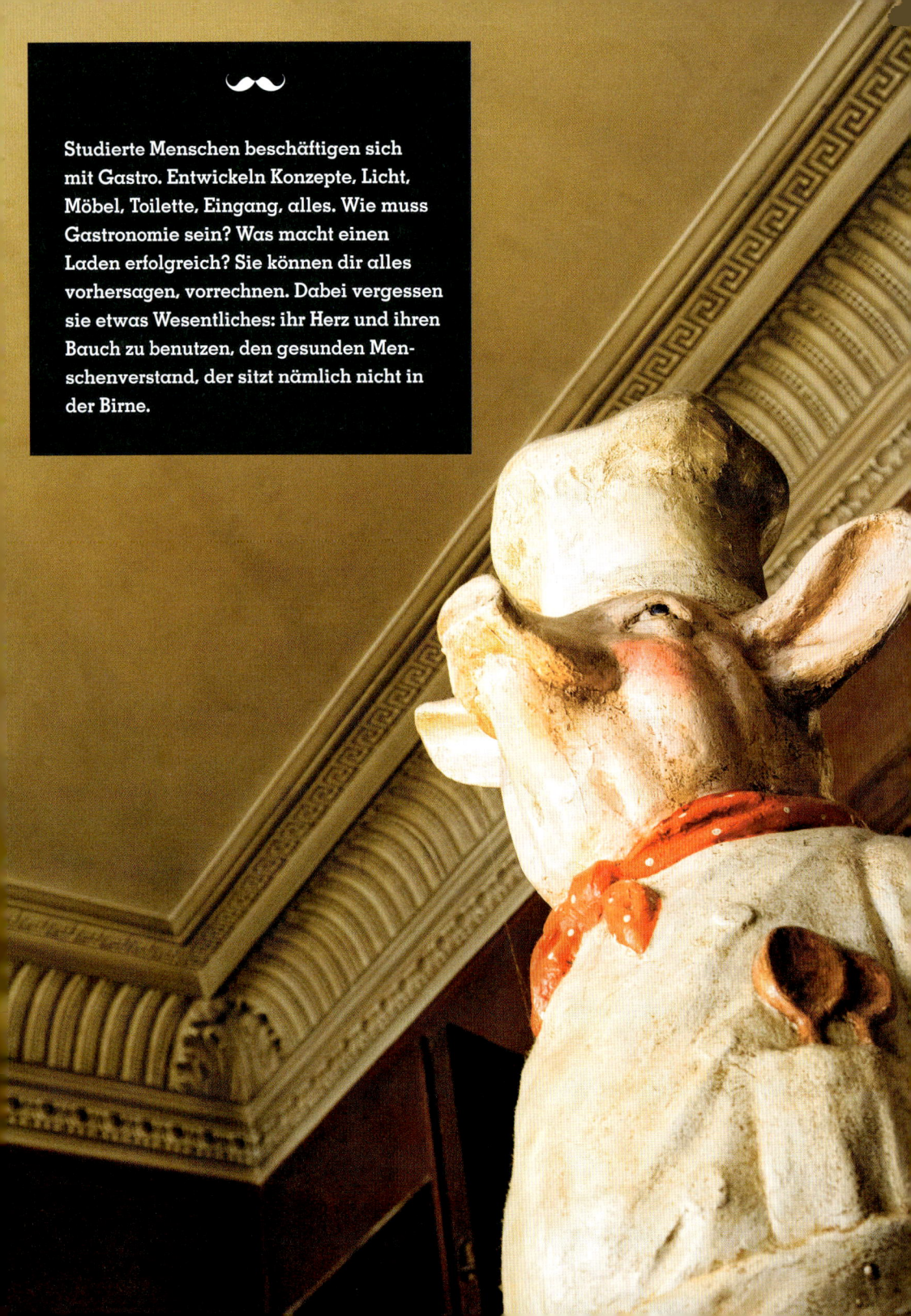

Studierte Menschen beschäftigen sich mit Gastro. Entwickeln Konzepte, Licht, Möbel, Toilette, Eingang, alles. Wie muss Gastronomie sein? Was macht einen Laden erfolgreich? Sie können dir alles vorhersagen, vorrechnen. Dabei vergessen sie etwas Wesentliches: ihr Herz und ihren Bauch zu benutzen, den gesunden Menschenverstand, der sitzt nämlich nicht in der Birne.

Familienbetrieb, und es sieht so aus, als hätte sie den passenden Job für sich gefunden."

Wolfgang Süße ist jetzt nur noch hin und wieder im Laden. Ganz ohne kann er nicht. Er weiß, seine Schlachterbörse ist in guten Händen. Margit mischt noch im Hintergrund mit. Das ist gut, auch für die Gäste.

Wolfgang ist bald siebenundsechzig. Als er sechzig wurde, hat ihm seine Frau einen Weinberg bei Würzburg geschenkt. „Da mach ich seit ein paar Jahren einen schönen Sylvaner, Müller-Thurgau kommt jetzt dazu. In Baden-Baden haben wir eine Wohnung, und so kommen wir immer mal wieder in Margits alte Heimat und in meine."

Wolfgang ist ein Einzelstück. Einzelstück ist sicher auch eine gute Beschreibung für die Schlachterbörse. So was gibt es nicht noch mal. Alleine die Räume. Wo gibt es das schon, dass du hinterm Tresen vorbeimusst, um in die Nebenräume eines Restaurants zu kommen. Die Leute stört das nicht. Die Süßes auch nicht und die Kellnerinnen schon gar nicht.

Im vorderen Teil kannst du alles noch gut überblicken, ein großer Raum, zwei Ebenen, der Eingang, der Schanktisch, Schinken in der Vitrine und Ölschinken an der Wand, eine Stiege führt runter zum Klo. Wenn dich aber erst mal der Durchgang hinter der Zapfstelle verschluckt hat, brauchst du einen ortskundigen Führer. Jetzt geht es unter Tage weiter. Ein Raum schließt sich an den nächsten an. Rauf und runter und runter und rauf, mal drei, mal vier Stufen.

Du bewegst dich in einer vergrößerten Ausgabe eines Kaninchenbaus. Aber nur bautechnisch. Von der Atmosphäre her bist du mitten in einer großartigen Filmkulisse. Es ist eng, aber es tut sich auch eine unglaubliche Welt auf, ganz weit. Du bist in einen Zeittunnel geraten. In den menschenleeren Räumen fühlst du dich glatt zweihundert oder mehr Jahre zurückgeschossen. Und wenn noch fast keiner da ist außer dir, hörst du doch ihre Stimmen, siehst sie vor dir: Matrosen, leichte Mädchen, zwielichtige Gestalten. Kerzen auf Holztischen. In der Luft Branntwein und Rauch, und der Rauch so undurchdringlich wie der Lärm.

Zurück „an Deck" versuche ich für mich klarzuziehen, was ich erlebt und gesehen habe. Ich bin ja auf der Suche nach den besten Gasthäusern in Deutschland. Genau genommen ist das Wirtshaus ja das ursprüngliche Gasthaus. Im Wirtshaus geht es schließlich um das Bewirten. Der Wirt bewirtet, er ist für die

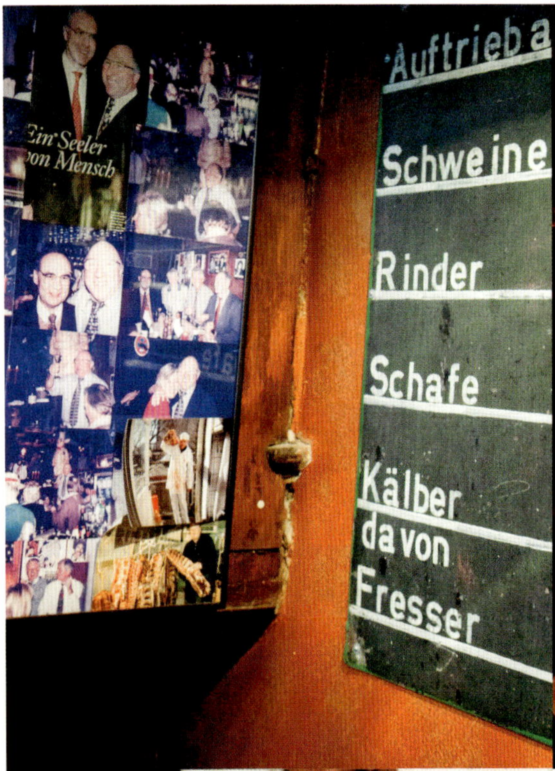
Ein Seeler von Mensch
Auftrieb a
Schweine
Rinder
Schafe
Kälber
da von
Fresser

Rinder
Schafe
Kälber
da von
Fresser

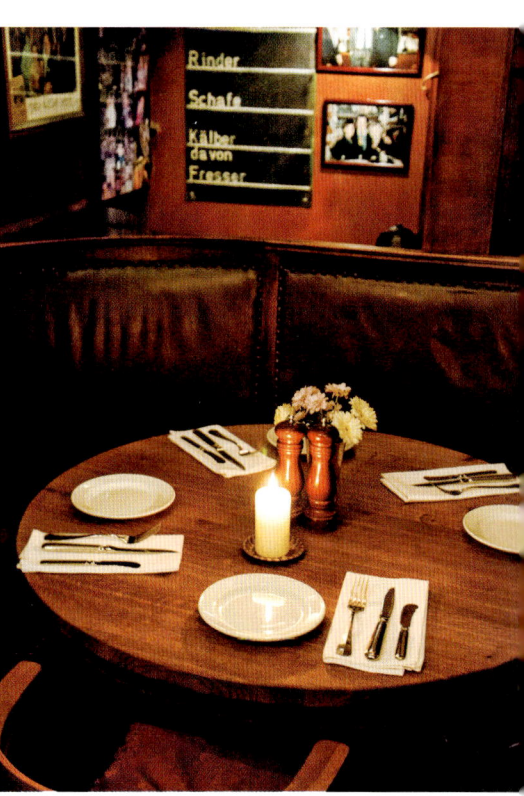

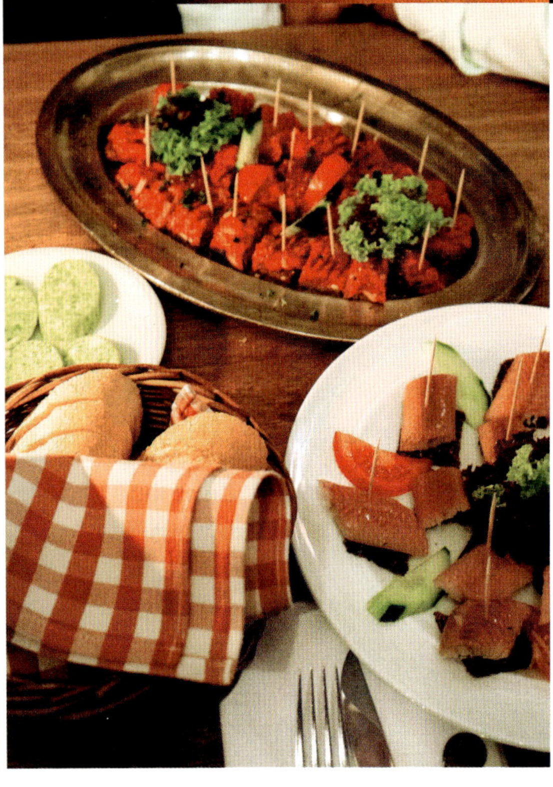

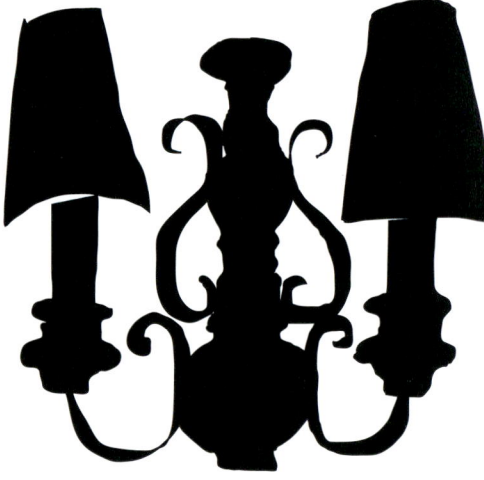

Gäste da. Der Mensch darf sich als Gast fühlen, weil er so aufgenommen wird.

„Hier bin ich Mensch, hier darf ich's sein", hat der alte Goethe mal gesagt. Heute würde sich der Meister beim Betreten von so manchem Wirtshaus auf dem Absatz umdrehen. Warum? Heute fehlt es den meisten Wirtshäusern am Wesentlichen: Es fehlt das Gefühl für den Gast und damit die gastliche Atmosphäre. Der Wirt nimmt sich und sein Haus viel zu wichtig, er denkt, es würde Wirtshaus heißen, weil sich doch fast alles um den Wirt und fast nichts um den Gast drehen müsste.

„Das ist ein Wirtshaus, hier hat der Wirt das Sagen." Hab ich selbst schon gehört und habe auf dem Absatz kehrtgemacht, bin wieder raus und nie wieder rein.

Ich würde mir wünschen, dass mehr Wirtshäuser wieder echte Gasthäuser sind und Gasthäuser nicht nur so heißen, sondern die Menschen, die den Laden führen, sich als Gastgeber geben. Wie Wolfgang Süße. Der gute Gastwirt gibt. Er gibt dem Gast das gute Gefühl, dass er herzlich willkommen ist, dann geben die Leute auch zurück. Die geben, indem sie immer wieder zurückkommen. Und wenn ich von Gasthaus oder Wirtshaus spreche, meine ich jede Form von Gastronomie, von der Imbissbude bis hin zum Sterne-Tempel.

Und wie ist das mit der Schlachterbörse? Studierte Menschen beschäftigen sich mit Gastro. Entwickeln Konzepte, Licht, Möbel, Toilette, Eingang, alles. Wie muss Gastronomie sein? Was macht einen Laden erfolgreich? Sie können dir alles vorhersagen, vorrechnen. Dabei vergessen sie etwas Wesentliches: ihr Herz und ihren Bauch zu benutzen, den gesunden Menschenverstand, der sitzt nämlich nicht in der Birne.

Und dann die Behörden! Wir reglementieren uns in Deutschland zu Tode. Dieser Laden, die Schlachterbörse, funktioniert nur, weil er ist, wie er ist. Wolfgang hatte sich das nicht so vorgestellt, hatte keine Absichten, keine Ideen, keinen Plan. Er hat einen Laden aufgemacht am Schlachthof, in einer Sackgasse, kaum Parkplätze. Alles falsch gemacht und doch alles richtig geworden. Vom Kofferträger für die feinen Leute im Brenners zum Promi-Gastwirt.

„Oje, nein!" Promi-Wirt, das will Wolfgang nicht sein. „Das bin ich nicht."

Ein feiner Kerl? Zu ungenau. Ein Mensch auf alle Fälle. Prädikat wertvoll.

Eigentlich ist Wolfgang mir ähnlich. Immer geradeheraus, auch auf Zickzackkurs. Ohne Scheuklappen, immer offen für nicht ganz normal. Wie seine Schlachterbörse.

DER ITALIENISCHE RHEINLÄNDER

Osteria Saitta
DÜSSELDORF

„Ein Ort muss die Menschen dazu bringen, sich zu treffen, zusammenzusitzen, miteinander zu reden", sagt Giuseppe Saitta, Wirt der gleichnamigen Osteria, die er seit fast 25 Jahren führt. Wir saßen hier zusammen und sprachen über duftende Trüffel und den richtigen Riecher für das, was Gastlichkeit ausmacht.

Treffen sich zwei Rheinländer. Sagt der eine: „Hallo, ich bin der Horst. Kannst Hotte zu mir sagen."

Antwortet der andere: „Grüß dich, ich bin der Giuseppe. Kannst Jupp zu mir sagen."

Also, das mit Giuseppe dem Rheinländer muss ich später noch erklären. Jedenfalls hatte ich Jupp, alias Giuseppe, bis zu dem Abend noch nie getroffen. Die Begrüßung ging so weiter:

„Also, Jupp, ich weiß so gut wie nix über dich."

„Macht nix, Hotte, dafür weiß ich so gut wie alles über dich."

Wir lachen und gehen erst mal rein in die gute Stube. Kaum sind wir drin, sind wir schon mittendrin – im Gespräch.

„Ich will erst mal in die Küche, Jupp, darf ich?"

„Fühl dich wie zuhause."

Kein Problem, denke ich, bin schon dabei. In die Küche komme ich erst mal nicht. Denn aus der Küche kommen jetzt Köche und Kellner. Zusammen ungefähr ein halbes Dutzend.

„Wie ich gehört hab, seid ihr alles echte Italiener?"

„Das ist unser Azubi, ist Deutscher", sagt der italienische Anführer.

Die Begrüßung ist laut und herzlich, italienisch, wie du das vom echten Italiener erwartest.

„Ich bin der Horst, ich grüße euch. Seid ihr gut drauf heute?"

„Immer, immer, ja, immer, Horst …"

Der Azubi heißt Christian. „Mensch, Herr Lich…"

Ich sage: „Stopp: Ich bin der Horst, Junge."

„Ja, Horst. Du Horst bist schuld und der Jamie, dass ich Koch werde. Ihr seid meine Ronaldos."

„Fußball? Stimmt, der hat ungefähr meine Größe", sage ich, „ist ein bisschen schmaler. Isst bestimmt zu wenig Nüdelchen."

Giuseppe alias Jupp ist dazugekommen, steht neben seinen Jungs.

„Holt mal die frischen Trüffel und die Steinpilze, bitte."

„Gibt's was mit Trüffeln? Lecker."

„Trüffel sind typisch für unsere Küche. Im Herbst immer Trüffel, immer aus Alba." Er zeigt auf ein altes Foto an der Wand mit einem alten Mann, der Trüffel in der Hand hat.

"Holt mal die frischen Trüffel und die Steinpilze, bitte", sagt Jupp zu seinen Jungs.

"Gibt's was mit Trüffeln? Lecker."

"Trüffel sind typisch für unsere Küche, Horst. Im Herbst immer Trüffel, immer aus Alba." Er zeigt auf ein altes Foto an der Wand mit einem alten Mann, der Trüffel in der Hand hat. "Mein Großvater", sagt Jupp.

Bitte... achten Sie selbst auf
Ihre Garderobe, da wir für
entstehenden Schaden nicht haften.

„Mein Großvater," sagt Jupp. „Das Foto ist aber von uns aus Sizilien."

„Gibt's da auch Trüffel?"

„Sogar im Schwarzwald, Horst, gibt es Trüffel. Einer aus der Nähe von Freiburg, der in Umbrien eine Prüfung zum Trüffelsucher gemacht hatte, hat sie 2008 da gefunden und dann halb Baden-Württemberg auf links gedreht."

„Trüffel? Da wo ich wohne? Is' ja doll. Ich kauf mir ein Trüffelschwein."

„Aber schau dir mal die hier an, Horst." Es kommt ein Körbchen mit Knöllchen aus der Küche. Wie das riecht!

„Kennst du das auch, Jupp? Ich hab bei mir in der Oldiethek früher auf meinem alten Ofen immer Speck direkt auf der Platte angebraten oder auch eine Handvoll Zucker karamellisieren lassen. Bei Speck wollten alle immer Speckpfannekuchen essen, bei Karamell süße Apfelpfannkuchen. Da waren die richtig heiß drauf. Bei dem Speckduft sind selbst eingefleischte Vegetarier schwach geworden."

„Bei uns ist es der Trüffel. So ein Körbchen voll mit weißen Trüffeln, Augen zu, und du denkst, du wärst im Piemont."

„Ja, so 'n kleines Portiönchen, Jupp, mit …"

„Mit Spiegelei und frischem Spinat? Wär das was, Horst?"

„Dann wollen wir uns mal setzen."

Wir sitzen. Brot kommt, Öl kommt, und zur Tür kommen immer mehr Leute rein. Einer kommt an unseren Tisch und fragt:

„Ciao, Giuseppe, hast du noch einen Tisch für zwanzig Personen, sieben Uhr? War ein Scherz, Giuseppe. Sieben Personen, zwanzig Uhr." Er lacht.

„Das ja, das kriegen wir schon noch irgendwie hin."

„Danke! Ciao, Giuseppe!" Der Gast zieht glücklich wieder ab.

„Bei dir ist oft so voll? Ich mein, heut ist Dienstag."

„Ja, ich muss schon sagen: eigentlich immer."

„Immer? Immer ist verdammt oft. Hast du ein So-muss-man-es-machen-Rezept?"

„Nicht ganz. Kein Rezept. Eine Erfahrung: Ein Ort muss die Menschen dazu bringen, sich zu treffen, zusammenzusitzen, miteinander zu reden."

„Das ist das, was ein Gasthaus ausmachen sollte. Aber was zieht die Leute dahin?"

„Was zieht die Leute an? 1990 hab ich hier aufgemacht. Vorher war das eine Sherrybar, eine Bodega. Ganz früher ein Café, das Café am Nussbaum. Den Platz kannten die Leute also bereits. Da stehst du sowieso schon mal unter Beobachtung. Wir haben hier anfangs nur Pizza im Ofen gemacht. Aber du brauchst ja auch eine Daseinsberechtigung für deine Küche. Hier war ja schon eine Küche drin. Wir haben zwar die weltbeste Pizza gemacht, aber hatten ein Problem: Mit Pizza brauchst du Laufkundschaft und Parkplätze. Beides haben wir nicht. Also wir wieder umgedacht. Ofen raus, Pizza ganz weg. Küche, hatten wir ja. Auf Dauer nur Pizza mit den wenigen Plätzen rechnet sich nicht. Die Idee der Pizza war schon richtig, Pizza ist Italien, nur wenn du überleben willst und hast so einen kleinen Laden, brauchst du Umschlag. Hier kommt aber keiner vorbei und sagt: ‚Mach mir mal zehn Pizzen zum Mitnehmen.' Davon brauchst du am Tag 20 Kunden und nochmal zehn im Laden. Das ging hier nicht."

„War also 'ne ganz klare Sache, dass du überleben kannst."

„Ja, und du hattest sonst keine Daseinsberechtigung für die Küche. Und dann unser Platz. Was du siehst an Raum, ist alles, was wir haben. Aber auch ein kleiner Raum wird ja größer mit Ideen."

Aus der Osteria Saitta mit Pizza und Küche musste ganz schnell die Osteria Saitta nur mit Küche werden. Viel Wein und eine kleine Auswahl an Speisen. Eine italienische Wirtschaft, mit der Giuseppe wirtschaften konnte.

Das Typische einer Osteria? Sie ist Treffpunkt, ein Ort der Begegnung, hier kamen und kommen die Leute hin zum Quatschen. Der Wein löst die Zunge und macht hungrig. In der ursprünglichen Osteria gab es sicher keine Trüffel. Da ging es eher bescheiden zu. Die Gäste waren ja auch eher die einfachen Leute.

Was sicher kaum einer weiß, was ich auch nicht wusste – und jetzt keinen Schreck kriegen: In den Osterien starb man auch. Giuseppe erzählt von langen Listen von verstorbenen Fremden, die in Italien überliefert sind: kranke Wanderer, verletzte Soldaten, total erschöpfte Pilger. Alle wurden aufgenommen, aus christlicher Nächstenliebe, aber auch, weil der Wirt alles „erbte", was der Verstorbene am Körper trug. Ich finde das sehr spannend. Das sagt mir unheimlich viel über die ursprüngliche Idee der Osteria.

„Bei dir leben die Leute aber richtig auf, Jupp, was hier an Leben ist! Ein Kommen ohne Ende."

„Unsere Küche ist recht anspruchsvoll, aber wir haben versucht, bei der Einrichtung alles eher einfach zu halten. Das mögen die Leute."

„Da fällt mir auf, du hast gar keinen Akzent. Du sprichst perfekt Deutsch, besser als ich."

Ein Gast kommt an unseren Tisch und fragt:

„Ciao, Giuseppe, hast du noch einen Tisch für zwanzig Personen, sieben Uhr? War ein Scherz, Giuseppe. Sieben Personen, zwanzig Uhr." Er lacht.

„Das ja, das kriegen wir schon noch irgendwie hin."

„Danke! Ciao, Giuseppe!" Der Gast zieht glücklich wieder ab.

„Wir sind 68 nach Deutschland gekommen, da war ich acht."

„Ich kann kein Wort Italienisch, Jupp: sì, no, Ende. Grazie!"

„Super, da brauchen manche zwei Jahre für. Im ersten Jahr sì, im zweiten Jahr no."

„Der war gut …"

Wenn du dich hier umguckst: jeder Tisch besetzt. Es ist knackevoll. Und man sitzt sehr eng und kuschelig, an langen Tischen, kaum Vierertische. Jeder Tisch hat eine weiße Stoffdecke. Rundherum Regale mit Weinflaschen, dunkle Balken rahmen alles ein, die Zimmerdecke ist niedrig, wie man das aus alten Häusern kennt. Wenn jetzt noch einer auf Schwarzweiß umstellt, könnte die Szene auch aus einem klassischen, italienischen Film sein. So, glaubst du, so ist Italien. Voll das Klischée, aber toll. Jeder Tisch bekommt frisches, warmes Brot und Öl und Balsamicoessig.

„Da fällt mir eine Geschichte ein, Jupp: alter Balsamico. Ich bin ja Autofan und schon öfter mal die Mille Miglia mitgefahren, und einmal auf dem Rückweg hatten wir uns ein bisschen verfahren. In der Nähe von Modena. Bei Modena musste ich automatisch an Balsamico denken. Und da kamen wir an so einem alten Landsitz vorbei, wie ein Schlösschen, wunderschön, mit so einer ganz langen Allee mit großen Bäumen links und rechts, wunderschön.

Wir klingeln. Jemand macht auf, wir … kein Wort Italienisch. ‚Balsamico, kaufen, si,? No?' Und der sagte sì, und wir durften reinkommen.

Und dann machte der mit uns eine Hausführung. Jede Etage, alle Zimmer, wir haben das ganze Haus gesehen, aber kein Balsamico. Wahrscheinlich sind wir doch falsch hier, dachte ich. Aber so nett der Mensch, so freundlich, egal, kaufen wir eben keinen Essig hier.

Zum Schluss sagte der: ‚Ja, kommt mal mit.' Da hat der uns in 'ne Art Scheune geführt, und da sind wir in den Speicher geklettert, und da hatte er die Fässer stehen, von ganz klein bis groß. Da hab ich dann Balsamico gekauft, der älteste war, glaube ich, 35 Jahre alt. Kostete ein Vermögen. Aber du brauchst ja auch nur ein Tröpfchen, da kommst du ewig mit aus.

Ich liebe Balsamico. Wenn du einmal den echten probiert hast … Echten, alten Balsamico. Nicht den auf alt gemachten. Der echte hat dieses Säuerliche mit feiner, süßlicher Note. Wenn der aber nur süß ist, dann ist er mit Zuckercouleur. Das ist ein ganz fieser Unterschied. Sieht aus wie der echte, aber das war's.

Das ist wie mit den italienischen Lokalen, Jupp, den echten und den anderen, die nur so aussehen wie echt. Oder nimm die guten alten Gasthäuser oder die anderen, die versuchen, plötzlich megakreativ zu sein in der Küche, das aber gar nicht draufhaben, weil sie es einfach nie gelernt haben. Was aber gar nicht schlimm ist. Sie sollen stattdessen doch einfach nur das tun, was sie wirklich sehr gut können: traditionelle Gasthausgerichte mit guten, frischen Produkten kochen. Einfach gut und ehrlich sein in der Küche und dem Gast gegenüber.

Der Koch in der Gasthausküche, wie ich ihn mir wünsche, respektiert den Gast, er stellt sich auf ihn ein, kennt seine Wünsche, macht ihn nicht zum Versuchskaninchen seiner Kreativexperimente. In einem Gasthaus erwartet kein Gast Sterneküche. Ich auch nicht. Und ich möchte einfach nur das gute Gefühl haben, willkommen zu sein in einem gastlichen Haus.

Du kannst es furchtbar altromantisch nennen, Jupp, aber so bin ich, und viele Menschen ticken da genauso wie ich. Das weiß ich aus sehr vielen Gesprächen, Briefen, Mails. Diese Menschen wollen das Gute bewahren, sie möchten es bittschön ehrlich und echt. Ist doch beknackt, wenn du denkst, du probierst mit deinem Schatz heute mal einen neuen Italiener aus, und dann ist der gar keiner. Hier bin ich jedenfalls bei einem Italiener, wie er mir gefällt."

„Ja, außer Christian, unserem Azubi, alles italienische Jungs."

„Es gibt eben solche und solche, sagt man hier in Köln, Jupp."

„Pass auf, sag zu Düsseldorf nicht Köln, Horst."

„Verflixt. Und zu Köln nie Düsseldorf. Hab ich da was falsch gesagt?"

„Kein Problem, ist ja alles Rheinland, da versteht man sich, auch wenn man sich nicht versteht."

Aber jetzt will ich mal von Jupp genau wissen, wie das ist, wenn du als Sizilianer nach Deutschland kommst und kein Wort Deutsch kannst.

„Weißt du, Horst, ich war acht, und wenn du als achtjähriger Steppke Fußball spielen kannst, hast du es einfach, dann bist du dabei. Dann heißt du nicht Giuseppe, sondern Josef oder Jupp. Außerdem hatte ich ja noch drei Brüder, zwei ältere und einen jüngeren. Der älteste und der jüngste sind allerdings bald wieder nach Sizilien. Die sind bei Oma und Opa groß geworden. Für uns alle reichte es hier nicht, als wir 1968 nach Düsseldorf kamen.

In Sizilien hatte es ein großes Erdbeben gegeben. Darum kamen wir überhaupt nach Düsseldorf. Mein Vater arbeitete zuerst bei Mannesmann, Röhren-

werke, fast zehn Jahre lang, bis er einen Unfall hatte und nicht mehr an der Maschine stehen konnte. Meine Mutter hat bei anderen Leuten geputzt und den ganzen Haushalt gemacht. Wir wohnten in einer Einzimmerwohnung, kein Badezimmer in dem Sinne, Toiletten im Treppenhaus. Mit vier Kindern hätten wir es da nicht ausgehalten.

1977 fing mein Vater an mit einem kleinen Lebensmittelladen auf der Molt-kestraße. Den hatte er dem Vorbesitzer mit Einrichtung, Ware und einem Lie-ferwagen abgekauft. Und da ging dann alles ganz kurios los. Meine Mutter hat im Laden gestanden und verkauft. Mein Vater hat hinten für uns gekocht, Pasta, oder er hat Sugo gemacht oder was gerade ging.

‚Das riecht aber gut bei ihnen, Frau Saitta', haben die Kunden gesagt, die reinkamen. ‚Komm', hat mein Vater gesagt, ‚probier mit.' Beim nächsten Ein-kauf wieder. ‚Das riecht aber lecker bei euch, was gibt's denn heute?' Und das wurde immer mehr. So entstand die Idee, ein Steh-Restaurant aufzumachen. Wir fanden ein Ladenlokal, linksrheinisch, in Oberkassel. Da war Oberkassel noch nicht angesagt wie heute. Die Salumeria Saitta war der erste Steh-Ita-liener der Stadt, mit Laden, wo wir italienische Spezialitäten verkauften, wie heute auch noch. 32 Jahre gibt es uns jetzt am Barbarossa-Platz in Oberkassel. Über 80 Prozent der Produkte importieren wir selbst aus Italien. Das Übrige kaufen wir zu."

Jetzt kommt unser getrüffeltes Spiegelei. Und es riecht auch so, wunderbar. Der Wein wird aufgemacht. Der Azubi kommt kurz aus der Küche und fragt, ob er gleich noch ein Foto mit mir machen darf. Ein Netter, sehr sympathisch. „Wär schlimm, wenn wir dat nicht hinkriegen würden", sage ich zu ihm. Als er wieder geht, erzählt Jupp, was mit ihm war.

„Er hat bei uns angefangen, weil er Koch werden will. Lief gut, dann hatte er einen Durchhänger. Ärger mit der Freundin, die hat ihn kaum gesehen. Dann hab ich ihm erst mal eine Woche frei gegeben, damit mal wieder Ruhe einkehrt. ‚Mach mit deiner Freundin mal wieder Spaß, damit sie merkt, du bist noch da.' Eine Woche später; da vorne die Vorspeisenvitrine, als er wieder da war, hab ich gesagt: ‚Pass auf, ich zeig dir ein paar Sachen. Du machst jetzt die Vitrine. Du ganz allein. Jeden Tag machst du was anderes.' Nach ein paar Tagen ist der richtig aufgeblüht. Seitdem läuft es wieder rund. Jetzt brachte er kürzlich einen Freund mit. Der will auch Koch werden … Schön, oder?"

Wir kommen auf den Beruf zu sprechen und wie schwer es ist, Nachwuchs zu finden. Ich habe eine klare Meinung dazu. Wir Fernsehköche stellen ja ein ganz falsches Bild von der Gastronomie dar.

Es gibt zwei Dinge, die ich für mich erkannt habe, die sehr negativ sind, seit Kochen im Fernsehen so populär geworden ist: Erstens bilden wir ungewollt Möchtegern-Gastrokritiker aus, die glauben, dass das einzig Richtige ist, was wir im Fernsehen tun, dann ins Lokal gehen, keine Ahnung haben und auf einmal den Kritiker geben und der Bedienung sagen: „Der Piep! (lassen wir mal den Namen weg) hat das aber so und so gemacht, das hier ist falsch zubereitet." Die haben null Ahnung vom Kochen.

Das Zweite ist, dadurch, dass wir da so rumalbern, ich auch, glauben die, dass der Kochberuf so lustig ist. Die treten an: Ich mach jetzt 'ne Kochlehre, geh ins Fernsehen und werde ein zweiter Lichter.

Ich werde oft gefragt: „Kann man Jugendlichen den Beruf empfehlen?" Selbstverständlich kann man den empfehlen, aber bitte tut euch einen Gefallen, geht in einen guten Betrieb, werdet euch aber bewusst: Dass im Vertrag acht Stunden steht, ist schön. Du wirst aber nur gut, wenn du freiwillig länger bleibst, früher kommst und später gehst. Der Chef darf nicht sagen, du musst länger. Aber wenn du das nicht wirklich willst, wird das nie was. Du musst das wollen. Später kannst du deine eigenen Ideen verwirklichen. Und wenn der Chef dann eines Tages um die Ecke kommt und sagt, hör mal, das ist aber eine gute Idee, lecker, das nehmen wir jetzt mal in die Karte, dann ist das deine Belohnung. Es ist einfach ein Geben und Nehmen. Wenn du gibst, wirst du auch was bekommen. Ein guter Lehrherr ist dabei natürlich wichtig. In der Gastronomie werden viele junge Menschen noch als preiswerte Arbeitskräfte benutzt. Das ist Mist.

Auch wenn das hier wie ein Klagelied klingt, muss man es immer wieder sagen. Wenn keiner drüber spricht, hört auch keiner zu.

Jupp hakt ein:

„Du musst schon gut mit deinen Leuten umgehen, sonst funktioniert das nicht, und das merken auch die Gäste. Ganz schlecht. Für alle schlecht."

„Hast du Kinder, Jupp?"

„Zwei Töchter. Haben beide keine Lust auf Gastronomie oder Hotel. Die eine hat ein Praktikum in einem Hotel gemacht, drei Wochen. Sie hat jeden Tag zehn Kilometer Teppich gereinigt, Zimmer sauber gemacht, Wäsche gewaschen, und nur einen einzigen Tag war sie in der Pâtisserie. Das war ihr

Der Koch in der Gasthausküche, wie ich ihn mir wünsche, respektiert den Gast, er stellt sich auf ihn ein, kennt seine Wünsche, macht ihn nicht zum Versuchskaninchen seiner Kreativexperimente. In einem Gasthaus erwartet kein Gast Sterneküche. Ich auch nicht.

„Sehr gut", sage ich. „Genau das ist es, was ich suche, Jupp: dass ein Gasthaus mal wieder das ist, was es mal war. Du denkst ganz viele Sachen, wie ich sie auch sehe. Ein italienisches Gasthaus muss echt sein, so wie ein Grieche oder ein Spanier echt sein sollte. Der Gast muss wissen, wo er hingeht."

Highlight. Und das ist kein Einzelfall. Statt den jungen Leuten das Hotelfach schmackhaft zu machen ... Das Schlimme ist, die machen uns den Nachwuchs kaputt. Will doch keiner machen, wenn die das hören. Komm, jetzt gehen wir mal schnell in unsere Küche, bevor ich mich noch weiter darüber aufrege."

„Kochst du denn auch noch, Jupp?"

„Wenn Not am Mann ist oder der Küchenchef nicht da ist, steh ich auch in der Küche. Klar. Aber sonst nicht. Dafür mach ich zu viel."

Ich sehe die Küche. Hier ist es verdammt eng. Wenn da einer nicht zum anderen passt, wird's sehr eng. Aber die gute Stimmung sagt mir das Gegenteil. Die haben Spaß bei der Arbeit. In der Küche ist es dampfig und laut. Die Männer hantieren mit ihren Werkzeugen, rufen sich die Bestellungen zu.

Wir schauen uns das alles auch noch mal von außen durch eine große Glasscheibe an, die die Küche trotz der Enge offener macht. Laut ist es von hier auch noch. Wir stehen, reden und schauen.

„Wir haben diesen und noch zwei Betriebe, Horst, und Catering ist ein weiteres Standbein für uns. Außerdem hab ich noch ein ganz kleines Hobby seit 2009: Ich bin in Düsseldorf im Stadtrat. Ich bin der erste Ausländer, der in Düsseldorf in den Stadtrat gewählt worden ist. Und ich hab seit letztem Jahr beide Pässe. In meinem kleinen Wahlkreis brauche ich das, ich muss ja mitstimmen können. Als Italiener bin ich längst integriert, dafür hätte ich das nicht gebraucht. Ich war schon immer auch Rheinländer."

„Du bist aber erfolgreich, mein Lieber."

„Erfolgreich ist aber noch kein Maßstab. Die Mafia ist auch erfolgreich."

„Ja, stimmt leider."

Während wir noch reden, sind wir wieder an unserem Platz.

„Ich will aber noch was machen, Horst. Die Idee verfolge ich schon länger. Italienische Restaurants als original italienische Restaurants kennzeichnen, als echte Italiener. Auf der Plakette oder dem Aufkleber steht dann ‚Zum echten Italiener'. Den letzten Anstoß dazu hat mir ein Restaurantführer gegeben, der 2009 in der Kategorie ‚Lieblingsitaliener Düsseldorf' zwei Deutsche auszeichnete. Da sagte ich mir: Das kann doch nicht sein. Zwei Deutsche, die können zwar super kochen, okay, aber brauchen wir das, ist das Italianita?"

„Sehr gut", sage ich. „Genau das ist es, was ich suche: dass ein Gasthaus mal wieder das ist, was es mal war. Du denkst ganz viele Sachen, wie ich sie auch sehe. Ein italienisches Gasthaus muss echt sein, so wie ein Grieche oder ein Spanier echt sein sollte. Der Gast muss wissen, wo er hingeht. Der soll ja Vertrauen in den Laden haben. Viel zu oft wird ihm aber was vorgemacht. Warum macht ein Türke auf Italiener? Muss das sein? Die türkische Küche ist doch klasse."

„So sehe ich das auch. Darum versuchen wir ganz klare Regeln aufzustellen, wobei mir das Wort Regeln nicht gefällt, Definition ist mir lieber. Also: Der Koch muss ein Italiener sein, die Gerichte müssen aus der echten italienischen Küche kommen, die Zubereitung nach den Originalrezepten gekocht werden, die Produkte möglichst, wie man sie in Italien auch verwendet … Bitte keine Mogelpackung. Wo Italiener dransteht, muss Italiener drin sein. Der Verbraucher soll sich drauf verlassen können."

„Was ist wahre Gastronomie, wer lebt sie und wer ist echt und wer nicht? Darum geht es mir auch. Genau darum. Für den Gast wäre das ein Gewinn."

„Genau. Es geht um die Ehrlichkeit dem Gast gegenüber. Wir würden das zertifizieren. ‚Un Italiano vero', ein wahrer Italiener, nicht nur original, sondern echt."

„Ja, und so ist das auch mit den deutschen Gasthäusern. Die meisten haben so viel mit echter Gasthausküche zu tun wie ich mit einem 3-Sterne-Restaurant."

Damit war der Abend dann auch fast gegessen. Und es war echt lecker. Echt und lecker. Toll war aber auch, dass ich Jupp kennenlernen durfte. Einen Menschen, zu dem ich direkt einen dicken Draht hatte. Und der in puncto Gasthausqualität auch noch sehr ähnlich wie ich tickt.

Am Ende dachte ich mich nochmal in die Küche zurück: Da lag ein wunderschöner, großer Fisch in der Pfanne, vorne guckte der Kopf ein bisschen raus, hinten guckte der Schwanz ein bisschen raus. Die großen Töpfe, aus denen es dampfte. Schöne große Steinpilze, sauber geputzt. Die duftenden Trüffel. Die Jungs waren alle gut drauf.

Ich denke, ich komme hier sicher wieder hin, wenn Jupp dann da ist, noch besser.

Das Typische einer Osteria? Sie ist Treffpunkt, ein Ort der Begegnungen, hier kamen und kommen die Leute hin zum Quatschen. Der Wein löst die Zunge und macht hungrig. In der ursprünglichen Osteria gab es sicher keine Trüffel. Da ging es eher bescheiden zu.

VOM ALTEN SCHLAG

Diener

BERLIN

Alles bleibt anders: Die Jahrhundertkneipe Diener hat schon einige Besitzer kommen und gehen sehen. Der Diener ist immer geblieben, wie er war. Bei all den Schicksalsschlägen wäre es für mich keine Überraschung gewesen, wenn hier schon einer abgeschlossen hätte. Aber im Diener hieß die Devise schon immer: durchboxen. Jetzt ist Barbara die neue Chefin. Und Barbara ist nicht nur das berühmte Licht am Ende des Tunnels, sie ist ein echter Sonnenschein.

Je länger die Geschichte von einem Laden, klar, umso mehr sensationelle Geschichten kann man finden. Im Diener mit seinen über 100 Jahren habe ich einen ganzen Sack voll von denen entdeckt, die sich zu erzählen lohnen. Schon deshalb lohnte es sich hinzugehen. Ich mache einen Diener und sage danke.

Warum ist der Diener in diesem Buch? Es gibt bestimmt nicht wenige, die was zu nörgeln hätten: „Die Neue im Diener ist ja wirklich eine Nette, aber es ist doch irgendwie nicht mehr wie früher." Ja, wie denn auch?! Dafür gibt es den Diener aber noch, und es bleibt spannend, wie es weitergeht.

Da sage ich: „Danke, danke, dass es was zu nörgeln gibt." Wäre doch langweilig, wenn man nach einem Besuch immer sagen müsste, alles ist genauso richtig gewesen, wie erwartet, wie zu den besten Zeiten. Alles paletti, alles gut. Da würden bei mir schon die Lampen angehen. Da stimmt doch was nicht, würde ich denken, wenn mir das einer erzählt hätte. Alles soll gepasst haben? Das glaub ich nicht. Das ist doch die Langeweile pur.

„Alle sind glücklich. Alles wie vor hundert Jahren." Wer will das denn hören? Interessant ist doch gerade, was im Moment nicht so läuft, obwohl alle ihr ganzes Herzblut reinstecken. Das erst gibt Geschichten. Was von der geraden Linie abweicht, ist erzählenswert. Aus dem Stoff entstehen Geschichten.

Ich weiß, wovon ich rede. Wenn bei mir im Leben alles glattgelaufen wäre, stromlinienförmig, könnte ich das sicher auch erzählen, es würde mir nur keiner zuhören. Es wäre ja nichts passiert. Nichts, was aus der Reihe tanzt. Nichts Auffälliges. Alles super, alles okay? Nein, danke.

Um ein Gespräch zwischen Menschen möglich zu machen, braucht es Gesprächsstoff, Leute. Erfolg wird dann geschätzt, wenn auch Pleiten, Pech und Pannen vorkommen. Da redet man drüber. Da hört man zu.

Klar kann nicht jeder Wirt von extremen Hochs und Tiefs erzählen, so'n bisschen Pech, 'ne kleine Durststrecke findet sich aber überall. Und je länger die Geschichte von so einem Laden, klar, umso mehr Geschichten dieser Art kann man finden.

Im Diener mit seinen über 100 Jahren habe ich einen ganzen Sack voll von denen entdeckt, die sich zu erzählen lohnen. Schon deshalb lohnte es sich hinzugehen. Ich mache einen Diener und sage danke.

Der Diener hat eine Spur in der Berliner Kneipen-Geschichte hinterlassen, die selten gerade verlief. Der Diener hatte das als seine Ideallinie akzeptiert

– bis zum Dezember 2012, als er fast aus der Kurve geflogen wäre: Heinz Werner Kraehkamp war am 24. Dezember gestorben.

Wer war Heinz Werner Kraehkamp? Wer nie im Diener war, kannte ihn bestimmt aus dem Fernsehen, aus dem „Tatort" oder aus der Krimiserie „Abschnitt 40", in der er den Polizeihauptkommissar Georg Burrow spielte.

Heinz Werner Kraehkamp war aber nicht nur ein bekanntes Schauspielergesicht, er war auch der letzte Besitzer des Diener.

Als ich mich entschloss, den Diener zu besuchen, wusste ich wenig über ihn und von den jüngsten Ereignissen nichts. Was ich aber wusste, war, dass der Laden eine Berliner Institution ist, schon immer ein Künstlertreff war und dass er mal einem Boxer namens Franz Diener gehört hat. Und als ich mich über Franz Diener schlaumachte, begegnete mir auch der Name Max Schmeling. Diener war nämlich 1926 und 1927 deutscher Meister im Schwergewichtsboxen, bevor er den Titel an seinen späteren Freund Max Schmeling verlor. Und dann war auch noch Boxlegende Joe Lewis schon im Diener gewesen …

Ich merkte, was hier an schwergewichtigen Geschichten drinstecken musste. Und ich hoffte auf den, der mir das alles erzählen sollte: auf Heinz Werner Kraehkamp.

Dann der Schock. Ich rief in Berlin an, um zu sagen, dass ich kommen wollte, dass ich ein Buch über tolle Gasthäuser mache, und da sollte der Diener auch rein.

„Wussten Sie nicht, Herr Lichter, der Werner ist vor einem Jahr gestorben." Am anderen Ende war der Küchenchef am Apparat. Uwe Hamacher erzählte mir, was passiert war und dass jetzt die Schwester von Werner die Geschäfte alleine weiterführt.

Wenn ich höre, da ist einer gestorben, den du eben noch für quicklebendig gehalten hast, muss ich mich erst mal setzen. Das geht mir immer durch die Klamotten.

„Ja, und der vorige Besitzer, der Honold, der hatte vor ein paar Jahren einen Schlaganfall, der hätte natürlich die ganzen Geschichten fast noch besser drauf, der hat den Laden ja vom alten Diener übernommen und war fast 40 Jahre hier drin. Aber der ist eben sehr krank."

Mein schöner Plan wackelte, taumelte wie ein angeschlagener Boxer. – Jetzt erst recht, dachte ich mir. Irgendwie hatte ich auch das Gefühl, es wäre nicht

Barbara Kraehkamp: „Der Diener ist ein Teil von Charlottenburg und ein Teil der Gäste, der Menschen, die hierherkommen. Manche schon seit Jahrzehnten. Ich fühle mich diesen Menschen gegenüber verpflichtet. Und darum will ich es für die auch so gut wie möglich machen."

nur fürs Buch wichtig, nach Berlin zu fahren, sondern es wäre auch gut für den Diener, wenn möglichst viele Leute in meinem Buch darüber lesen würden.

Es war also eine rein emotionale Entscheidung. Und das war richtig so. Ich weiß ja nur zu gut, wie es ist, wenn man eins aufs Maul kriegt, wenn das Schicksal zuschlägt, da brauchst du Menschen, die dir helfen. Gefragt oder ungefragt.

Der Plan wurde in die Tat umgesetzt. Uwe Hamacher war bereit, mit mir zu reden, und wir machten einen festen Termin aus. Ob ich mit ihm oder Barbara Kraehkamp, Werners Schwester, sprechen würde, war noch nicht klar. Hamacher wollte sich kümmern.

Später, Flug und Hotel waren eben gebucht, klingelte das Telefon. Barbara Kraehkamp mit dem nächsten Tiefschlag.

„Wir haben genau an dem Montag an Filmleute vermietet, da wird im Diener gedreht. Mir könne da nischt rein."

Ihr Hessisch, muss ich sagen, war mir sofort sympathisch, die Nachricht war allerdings zum Haareraufen – hätte ich welche gehabt. Irgendwer von ganz oben wollte meinen Plan durchkreuzen. Und das war sicher nicht Heinz Werner Kraehkamp.

Ich erklärte ihr, dass ich nicht alleine kommen würde. Der Fotograf war schon fest gebucht, sein Assistent und alle anderen auch. Sie hatte sofort Verständnis und würde die Sache regeln; keine halbe Stunde später hatte sie.

Berlin kann ganz schön kalt und trübe sein im Dezember. Aber wenn dich ein Mensch wie Barbara Kraehkamp begrüßt, geht die Sonne auf. Sogar an einem Abend wie diesem. Barbara nahm mich einfach in die Arme:

„Horst, Schätzchen, schön, dass du da bist."

Der Diener war von außen grell beleuchtet. Scheinwerfer, Reflektoren, Kabeltrommeln, Verteiler, Stolperfallen überall. Eine Ordnung der speziellen Art. Dazwischen Filmleute, die aufgeregt hin und her liefen. Es muss eine ganze Busladung gewesen sein. Auf der angestrahlten Fassade war noch der Schriftzug „Tattersall des Westens" und „Reithalle" zu lesen.

„Stolper nicht über die Kabel, Horstche."

Drinnen das gleiche Chaos, nein, noch chaotischer. Das soll mal eine Kneipe gewesen sein?

„Drehen die hier den Untergang von Berlin?"

„Hier lang, wir gehen nach hinten, Horst, da ist es ruhiger."

„Hier musst du renovieren lassen, wenn die weg sind, Barbara."

„Renoviert wird nur bei Auszug. Un' so weit simmer noch net, Schätzchen."

Als wir hinten angekommen sind, da wo's ruhiger ist, aber auch wie in einem Museum aussieht, sitzen wir in der Küche.

„Du bist ja zum Diener gekommen, ohne dass du es wolltest. Du bist keine Gastronomin, du hast einen Laden übernommen, der aussieht, als sei eben gerade Max Schmeling rausgegangen. Und dann ist auch noch dein Bruder vor einem Jahr gestorben. Hast du nicht mal gedacht, dass du mit dem Kapitel Diener abschließen willst?"

„Ja, und ich hab auch das ganze Risiko übernommen. Aber abschließen? Den Diener? Das geht nicht. Ich könnte kein Charlottenburger Pflaster mehr betreten, die Gäste würden mich erschießen, wenn ich nicht noch vorher bei Nacht und Nebel verduften würde. Wer soll das denn hier weitermachen? Da ist keiner. Ich muss. Der Diener ist ein Teil von Charlottenburg und ein Teil der Gäste, der Menschen, die hierherkommen. Manche schon seit Jahrzehnten. Ich fühle mich diesen Menschen gegenüber verpflichtet. Und darum will ich es für die auch so gut wie möglich machen."

„Was sind das für Leute?"

„Da herrscht Datenschutz, wie Rolf (Honold) immer sagte. Also über die wird nicht geredet. Offiziell", sie flüstert, „weißt du? – Ich sage: Hier herrscht Schweigepflicht wie beim Arzt. Aber guck dir die Bildscher an, Horst, da siehst du fast alle, die schon hier waren. Viele von denen sind schon gestorben, alte Bilder. Aber das liegt daran, weil der Laden schon so alt ist."

Ich schaue mich um, und tatsächlich: Hier hängt die halbe deutsche Filmgeschichte! 600 Bilder und ein paar mehr, erklärt mir Barbara. Alle signiert. Schade, dass Rolf nicht bei uns sitzt, denke ich, der hätte vor seinem Schlaganfall bestimmt jeden Namen zu jedem Bild gewusst. Barbara erzählt mir mehr von ihm: Dass er den Laden 1969 von Franz Diener übernommen hat. Bis dahin, ab 45, hatte Franz Diener die Kneipe. Das Startkapital soll er sich von Schmeling geliehen haben. Der Franz Diener hat auch den legendären Ruf von dem Laden begründet. Er war ja selbst eine Bekanntheit, und das zog andere Berühmtheiten nach.

Vor Franz Diener hatte ein Pole fast 20 Jahre den Laden. Der hat erst mal einen Mauerdurchbruch gemacht und sich das benachbarte Café Grolmann einverleibt. Der Diener geht also über zwei Häuser. Barbara hat zwei Vermieter,

was es nicht einfacher macht. Als Franz Diener die Kneipe übernommen hat, hieß der Diener noch Tattersall. Der Name geht zurück auf einen Richard Tattersall, einen englischen Stallmeister und Pferdetrainer. Der Begriff Tattersall steht für eine, heute würde man sagen, Dienstleistung. Ein Tattersall, das war eine Reithalle, und das waren Stallungen für Pferde und Kutschen. Alles für das gut betuchte Berliner Bürgertum. Die hatten da ihre Pferde stehen für den Morgenausritt. Das Gebäude wurde 1896 gebaut, als Ausspannung mit Schankräumen für den angrenzenden Tattersall. Die Stallungen auf der Rückseite sind nach dem Zweiten Weltkrieg abgerissen worden. All das hat mir Barbara erzählt. Ich merke dabei, wie sehr sie schon mit dem Diener zusammengewachsen ist. Sie bringt das alles mit Überzeugung rüber. Die ist echt. Und die ist echt nett. Ich bin mir sicher, dass die Gäste das schon gespürt haben. Ganz bestimmt werden sie die Barbara auch noch in ihr Herz schließen.

„Hast du das gewusst, Horst? Mein Bruder hat hier drüber eine Wohnung gehabt. Hat direkt hier drüber gewohnt. Sein Altersruhesitz, dachte er."

„Wenn du das so erzählst, dein Bruder und der Diener – du tust das auch für deinen Bruder, richtig? Du machst auch für ihn weiter."

„Es ist ein bisschen ein Vermächtnis, ja, ein Erbe und Verantwortung. Ich war für meinen Bruder immer da und er für mich. Ich habe ihn bis zum Schluss gepflegt. Ich habe jetzt die Verantwortung übernommen, auch wenn es nicht leicht ist. Als mein Bruder 2001 den Laden von Rolf übernahm, hat der auch keine Ahnung von Gastronomie gehabt, auch keine von den Finanzen. Der hat nur den Diener gesehen, sein zweites Zuhause, und er wollte dem Rolf Honold helfen, der kränkelte und abgeben wollte."

„Wie ist dein Bruder eigentlich nach Berlin gekommen? Er ist in Darmstadt geboren. Und du kommst auch aus der Ecke."

„Hert ma, gell. Frankfort."

„Aber hallo! Und dein Bruder …?"

„… ist aus der Nähe von Darmstadt. Hat an der Hochschule für Musik und Darstellende Kunst in Frankfurt studiert. Er war ein Vollbluttheatermensch; auch mit einer komischen Seite. Er hat ja viele Jahre Kabarett gemacht. Und dann Fernsehen, weißt du ja, Horst, seit 1972 immer wieder im „Tatort" und anderen Fernsehreihen, zuletzt in ,Abschnitt 40' bei RTL. 1986 ist er ganz nach Berlin und 87 hier in die Grolmannstraße."

„Alles andere als Gastronom, dein Bruder. Wie du. Hast du denn auch was mit Schauspielerei zu tun?"

„Nein, ich habe immer hinter den Kulissen für Produktionsfirmen gearbeitet. Planung, Organisation, Finanzen."

„Nicht die schlechteste Erfahrung für Gastronomie. Aber jetzt stehst du vorne, der Diener ist die Bühne."

„Ja, aber hinter der Bühne gibt es auch viel zu tun. Ich kümmere mich um die Finanzen hier. Mein Bruder hat sich da gar nicht drum gekümmert. Zwei Jahre nachdem ich dabei war, war alles wieder in der richtigen Spur."

Barbara ist jetzt richtig in Erzähllaune. Ich höre ihr zu, und dabei sehe ich Bilder von früher vor meinem inneren Auge.

Ich sehe den Franz Diener vor mir, den alt gewordenen Schwergewichtsboxer, wie er seinen Laden nach einem Vierteljahrhundert an die Liselotte Wirthwein und den Rolf übergibt. Das muss einer seiner schwersten Kämpfe gewesen sein. Du musst dich von dem trennen, was du aufgebaut, gelebt und geliebt hast. Das ist ja wie ein Teil von dir. Ich kenne mich mit Trennungen aus; sowohl von Menschen als auch von Dingen. Ich habe mich von Menschen trennen müssen, die auch ein Teil von mir waren. Ganz am Anfang meines Lebens von meinem ersten Kindchen. Ich war ein junger Mann, 22, der Kleine nur ein paar Monate. Plötzlicher Kindstod. Und nur wenige Jahre später hätte ich mich fast selbst von mir trennen müssen, zweimal verabschiedet, aber zurückgekommen. Einmal Schlaganfall und einmal Schlaganfall mit Herzinfarkt. Da kommen mir die Dinge und Sachen, von denen ich mich getrennt habe, fast lächerlich vor. Trotzdem ist mir der Abschied von meiner Oldiethek in Rommerskirchen vor ein paar Jahren unglaublich schwergefallen. Das war eben genauso ein Laden, den ich aufgebaut, gelebt und geliebt habe. – Barbara schaut mich gerade ein bisschen so an, als wollte sie sagen: „Hast du mir zugehört, Horst?"

Ich sage schnell, dass ich ganz im Hier und Jetzt bin. Alles gut. Ich höre. – Sie erzählt weiter von der Liselotte Wirthwein und dem Rolf Honold. Die waren wohl ein sehr ungleiches Paar. Aber für den Laden wie geschaffen – ihre Lebensaufgabe. Liselotte war eine ehemalige Schauspielerin. Man nannte sie hier auch „die Diva in der Kittelschürze". Die hat noch mit achtzig in der Küche gestanden, und Rolf war so gut wie mit dem Bierzapfhahn verwachsen.

Ich hake ein: „Da muss ich dich mal eben fragen, Barbara: Die Lebens-

Lord Cool
trifft Lady
Trost

Es ist verboten
sich über das Küchenpersonal
und den Geschmack
der Speisen zu beschweren!

Barbara Kraehkamp: „Es ist ein bisschen ein Vermächtnis, ja, ein Erbe und Verantwortung. Ich war für meinen Bruder immer da und er für mich. Ich habe ihn bis zum Schluss gepflegt. Ich habe jetzt die Verantwortung übernommen, auch wenn es nicht leicht ist."

aufgabe Diener, sagst du, den Diener führt man ein Leben lang, bis es gar nicht mehr geht oder bis zum letzten Stündchen? Und du?"

„Sieht bald so aus, Horst. Man erbt den Diener, und man vererbt ihn weiter. Wie ein altes Familienschmuckstück, von Generation zu Generation. Wahrscheinlich spielt auch das eine Rolle."

„Und du willst den nicht vererben?"

„Ne, ich kann nicht, ich bin die letzte Kraehkamp. Dann ist die Familie ausgestorben."

„Ein Kindchen?"

„Mit Mitte fuffzig ein Kind? Ich bitte dich, Horst."

„Okay. Und wenn mal so'n richtig netter Gast käme, wo du denken würdest: Den adoptier ich jetzt, und der macht weiter?"

„Och, ich würde dich sofort adoptieren, Horst."

„Du bist echt goldisch, Barbara, und so wählerisch …"

„Mit einem Schatz, wie der Diener einer ist, geht man respektvoll um. Den gibt man nicht in irgendwelche Hände. Abgesehen davon will ich auch was gegen das Kneipensterben tun in Berlin. Seit dem Mauerfall hat hier im Durchschnitt ein Lokal pro Tag geschlossen. Um 1930 waren noch rund 30 000 Lokalitäten lizensiert. Nach der Jahrtausendwende waren es nur noch halb so viele. Du weißt, ich kenne mich mit Zahlen aus, Horst. Außerdem fühle ich mich hier zuhause. Ich liebe diese gemütlich-urige Kneipenatmosphäre. Diese Mischung aus Normale-Leute-Miljöh, wie der Berliner sagt, und natürlich die Schauspieler und Künstler, wie mein Bruder einer war. Und obwohl ich keine Berlinerin bin, liegt mir die Rolle der Wirtin mit Herz und Schnauze. Oder, was denkst du, Horst, Schätzchen?"

„Ich würde sagen: Barbara, du bist ein echtes Sonnenscheinchen. Du hast Temperament, du hast unglaublich viel Power. Du hast Humor und hast Gefühl, du bist die Seele von dem Laden. Ich kann mir lebhaft vorstellen, wie du mit deinen Leuten umgehst. Du führst Regie, aber bestimmt mit Herz. Und du bist mit den Gästen ganz bestimmt so was von freundschaftlich und nett, ehrlich nett und herzlich. Das spielst du jetzt nicht für mich. Wie du mich eben begrüßt hast, ich war sofort elektrisiert. Da hab ich eine Antenne."

„Jetzt ist aber gut, mein Lieber."

Was mit der Küche ist, will ich von Barbara noch wissen. Und mit Uwe Hamacher. Der war immerhin mal bei Wodarz, Palazzo, Sterneküche und so.

Sie lacht und winkt ab. Buletten mit Trüffeln würde es beim Diener nie geben. Dann wird sie wieder ernst. Uwe sei ihr eine große Hilfe gewesen, wäre er immer noch. Er war Stammgast. Irgendwann wusste sie, dass er Koch ist, und als es mal eng wurde, hat sie ihn gefragt, ob er einspringen kann. Das hätte er dann öfter gemacht, hat sich dann auch um die Küche und die Karte gekümmert. Aber wirkliche Ambitionen, die Küche zu übernehmen, hätte er wohl nicht. Uwe hätte noch Ideen im Kopf. Der will noch alles Mögliche ausprobieren. Mal auf einem Fischkutter kochen oder auf einer Bohrinsel. Der hätte noch Erlebnishunger. Der Diener sei keine Lebensaufgabe für ihn. Und was der Diener für die Leute hier sei, frage ich sie.

„Der Diener? Das ist Berliner Küche, ehrlich und einfach. Man könnte glauben, die Leute kämen nur hierher, um zu trinken und zu essen. Aber das stimmt nicht. Der Diener ist vor allem ein Treffpunkt und ein Fixpunkt. Hier trifft man sich zum Quatschen. Wir dudeln keine Hintergrundmusik. Es sind fast jeden Abend dieselben Gäste da. Je nachdem welche Uhrzeit, die Frühen, die Späten oder die ganz Späten. Du weißt immer, wann du wen antriffst."

„Wer kommt denn wann?"

„Luzia Braun zum Beispiel, die Moderatorin von ‚aspekte'. Die kommt eher früher als später. Eine echte Dame. Ein ganz Später ist der Musiker Max Raabe vom Palast Orchester, sehr netter Typ. Du darfst eben nicht vergessen, dass hier ganz viele Theater um die Ecke liegen. Klar, einige sind heute leider verschwunden, aber Freie Volksbühne, Renaissance-Theater, Schiller Theater, das Theater am Kurfürstendamm sind nur ein paar Schritte entfernt. Und der Diener war und ist in der alten Mitte West die Mitte des Netzes. Hier kreuzen sich die Wege."

„Du sagst gerade: Theater – ich weiß jetzt gar nicht, wie ich drauf komme. Also ich hab mal die ein oder andere Gastro-Kritik über euch gelesen. Was ganz Spezielles sollen ja die Kellnerinnen sein im Diener. Die spielen auch ihre Rolle hier; kleines Theater. Sollen manchmal streng sein mit den Gästen. Nörgelt da keiner?"

„Ach was. Herz mit Schnauze. Berliner Art. Die müssen sich durchsetzen, die Mädels. Das klingt dann schon mal ruppig. Gäste, die das nicht kennen, müssen da durch. Dafür bin ich ja die Nette. Die Art Bedienung passt zu uns. Rolf Honold hat in einem Interview sogar mal gesagt, der Diener sei eine ganz üble Spelunke. Das darf man bitte nicht wörtlich nehmen. Er findet Spelunke schön. Das hat für ihn was Zwielichtiges, da passiert was. Und da passen sicher keine Bedienungen rein, wie du sie im Kempinski oder im Savoy findest. Ich würde unsere Mädels nicht austauschen. Kommt gar nicht in die Tüte."

„Du würdest auch nicht renovieren. Und das stört die Gäste auch nicht, denke ich."

„Ne, kein Stück. Nimm unsere Tapete, wenn man überhaupt von Tapete sprechen kann. Die ist tabakbraun, nikotingeschwängert, verraucht, so wie unser Laden mal verrucht war. Das darf man doch nicht überpinseln. Beides nicht. Weder die Wände noch die Geschichte. Wir haben mit unserer Geschichte ja ein Kapital, um das uns andere Läden beneiden. Wir sind unverwechselbar. Es gibt ja sogar Konzepte, die versuchen, das nachzumachen. Die machen auf alt, meine ich. Was meinst du, warum die das versuchen? Wir haben kein abwaschbares Image wie viele Läden heute. So eine Kneipe wie der Diener gehört eigentlich komplett unter Denkmalschutz. Inklusive der Gäste."

„Ich denke jetzt gerade, dass dein Bruder von oben zuschaut und denkt: Die Barbara wird das schon machen."

„Von oben ist gut, Horst, wo er doch hier drüber gewohnt hat."

„Ja, stimmt, schön, dass du drüber lachen kannst, Barbara. – Hugo Egon Balder soll auch mal oben in der Wohnung gewohnt haben. Stimmt das?"

„Stimmt. Hat er mal. Er war natürlich auch Stammgast. Hat mit anderen Gästen die Diener-Singers gegründet, und auf einer CD von ihm gibt es einen Song über den FC Diener."

„Fußball?"

„Eine Tresenmannschaft, auch aus der Gemeinschaft der Stammgäste, Ende der 60er gegründet. Große Siege gab es nicht zu verzeichnen. Aber lustig war's bestimmt."

„Du bist ja jetzt die Chefin hier, Barbara. Bist wie die Jungfrau zum Kinde zu einer Kneipe gekommen. Hat das irgendwie deine persönlichen Pläne durchkreuzt?"

„Kann ich net sage, Horst. Pläne? Ich hab auf Mallorca gelebt schon einige Zeit, schon als mein Bruder den Diener übernommen hat. Aber du kannst das Leben nicht planen. Für mich war sofort klar: Ich muss zu meinem Bruder, als der krank wurde. Der braucht mich jetzt. Um die Kneipe musste ich mich dann auch sofort kümmern. War ja keiner da sonst. Ich kann mir im Moment

Barbara Kraehkamp: „Ich liebe diese gemütlich-urige Kneipenatmosphäre. Diese Mischung aus Normale-Leute-Miljöh, wie der Berliner sagt, und natürlich die Schauspieler und Künstler, wie mein Bruder einer war. Und obwohl ich keine Berlinerin bin, liegt mir die Rolle der Wirtin mit Herz und Schnauze."

nichts anderes vorstellen. Ich möchte auch nichts verändern. Ich mach das sehr, sehr gerne."

„Ja, das spürt man. Hier hängt dein Herz dran."

Inzwischen ist es verdammt spät geworden. Wir sitzen immer noch in der Küche. Wenn's schön ist, bleibt man gerne länger. Nebenan packen die Filmleute endlich ihr Zeugs zusammen. Barbara schaut mal eben rüber, ob schon alles wieder an seinem Platz steht. Ich höre sie:

„He, ihr müsst die Tische bitte wieder so stellen, und kann mal jemand den Müll da mitnehmen, bitte, nehmt gleich den ganzen Sack mit, ja, danke. Und die Vorhänge hängt ihr mir auch wieder auf. Klar? Danke."

Letzte Minuten im Diener, ein letzter Schluck. Vielen Dank für deine Zeit, die ich mit dir verplaudern durfte, liebe Barbara, sage ich vor mich hin.

Sie kommt zurück.

„Mann, bin ich froh, wenn die sich gleich verzogen haben. Ich muss noch mit meinen Mädels sauber machen. Und um dich konnte ich mich gar nicht so richtig kümmern, Horst, Schätzchen."

„Ich hab' mich sauwohl gefühlt bei dir. Mehr geht nicht. Und wenn die Filmtruppe gleich abmarschiert ist, machen wir noch schnell ein paar schöne Fotos von dir und vom Laden."

Dann ist Feierabend. Mein Taxi ist da. Wir verabschieden uns, sie drückt mich ganz fest. Am Taxi dreh ich mich noch mal um und winke – die blonde Barbara. Bloß nix verändern, denke ich. Und kümmer dich weiter. Kümmern ist wichtig für so einen Laden.

Auf der Fahrt zum Hotel läuft im Radio Reinhard Mey: „Gute Nacht, Freunde, es ist Zeit für mich zu geh'n. Was ich noch zu sagen hätte, dauert eine Zigarette und ein letztes Glas im Steh'n. Für den Tag, für die Nacht unter eurem Dach habt Dank! Für den Platz an eurem Tisch, für jedes Glas, das ich trank. Für den Teller, den ihr mit zu den euren stellt, als sei selbstverständlicher nichts auf der Welt. Gute Nacht, Freunde …"

Genauso hat sich für mich der Abend angefühlt, den ich mit Barbara erlebt habe. Das sind Augenblicke, die stehen auf keiner Speisekarte.

REH UNTER HIRSCHEN

Zum Hirschen

SULZBURG

Douce Steiner sammelt Herdprämien der besonderen Art: zwei Michelin-Sterne, 17 Gault-Millau-Punkte, „Aufsteigerin des Jahres" 2012 im Gault-Millau. Und auch ihre Gäste schwärmen: hochklassig, hervorragend, perfekt. Was aber, habe ich mich gefragt, sagt das über den Menschen Douce Steiner? Also haben wir uns in ihrem Heimatdorf Sulzburg verabredet: „Wir gehen einkaufen, Horst, und du darfst den Wagen schieben."

Douce ist bei all ihrem Erfolg so herrlich
normal geblieben. Sie hat keine Starallüren, obwohl sie allen Grund dazu hätte.
Sie hat nicht abgehoben, obwohl sie sich
deutlich vom ganzen Spitzenküchenrummel abhebt. Warum das so ist, will ich
herausfinden.

Mal ehrlich: Douce! Schon wenn ich das Wort ausspreche, hab ich was Verführerisches im Ohr. Douce – das klingt wie eine vielversprechende Einladung für mich. So, und damit ich hier keinen Blödsinn rede, habe ich nachgelesen:

Douce ist Französisch, klar. Aber jetzt kommt's: Es gibt mehrere Bedeutungen. Übersetzt man douce mit „süß", ist der Geschmack gemeint. Übersetzt man es mit „weich", geht es ums Anfassen. Steht douce für „sanft", meint der Franzose das Wesen.

Ich muss schon sagen: Wenn da nicht jeder Mann schwach wird, kann ich ihm auch nicht helfen.

Douce ist aber noch mehr, und damit komme ich zum Punkt: Douce Steiner ist nicht nur eine Frau mit vielen Eigenschaften, sie ist auch eine meiner absoluten Lieblingsköche. Und ich sage bewusst: Köche. Denn es gibt erheblich mehr Männer in der Sterneküche als Frauen. Und Douce lässt eine Menge männlicher Spitzenköche hinter sich. Und weil das so ist, werde ich immer wieder schwach und muss zum Gasthaus Hirschen nach Sulzburg zum Hotel Restaurant Hirschen, um genau zu sein.

Zum Essen, versteht sich. Es ist einfach zu verführerisch.

Dieses Mal will ich aber aus einem anderen Grund zu Douce. Nicht wegen ihrer sensationellen Kochkunst, nein, ich möchte mit ihr über das Leben sprechen, das sie um ihren Herd und ihre Küche herum führt. Ich habe mir vorgenommen, mehr über den Menschen Douce Steiner zu erfahren. Wie funktioniert das Leben, das abseits ihrer Sterneküche existiert?

Mittlerweile gibt es ja in Deutschland dermaßen viele Fernsehköche, dass man den Eindruck gewinnen könnte, TV-Köche würden eine eigene Bevölkerungsgruppe bilden. Wenn dem so wäre, dann gehören Frauen in dieser Gruppe klar zur Minderheit. So gesehen bildet das Fernsehen hier sogar die Wirklichkeit ziemlich gut ab: Auf zehn männliche Spitzenköche kommt eine Spitzenköchin. So ist jedenfalls mein Eindruck, wenn ich die Kiste einschalte. Wahrscheinlich ist das Kräfteverhältnis sogar noch krasser.

Warum ich das erzähle? Douce Steiner ist eine Minderheit in der Minderheit. Und das gleich mehrfach: Sie ist die einzige Sterneköchin in Deutschland, die zwei Michelin-Sterne hat. Sie hat keine eigene Kochsendung im Fernsehen. Dafür hat sie Familie und sogar ein Familienleben. Und Douce ist bei all ihrem Erfolg so herrlich normal geblieben. Sie hat keine Starallüren, obwohl sie allen Grund dazu hätte. Sie hat nicht abgehoben, obwohl sie sich deutlich vom ganzen Spitzenküchenrummel abhebt. Warum das so ist, will ich herausfinden.

Wir treffen uns bei ihrem Laden, dem Hirschen in Sulzburg, und fahren gemeinsam zum Einkaufen. Es ist ein Mittwochmorgen im Juli, und wir fahren nach Frankreich, ins Elsass rüber.

Sulzburg, wo Douce ihr Restaurant hat, liegt im Markgräflerland, also im Südschwarzwald, einer Gegend, die gesegnet ist mit guter und sehr guter Küche. Vielleicht liegt das auch an der Nähe zu Frankreich. Denn hier kriegst du alles, was du an Top-Produkten für diese Küche brauchst. Die Auswahl und die Qualität sind größer als in Deutschland.

Es ist nicht übertrieben, wenn man sagt: Die Franzosen legen sehr viel mehr Wert auf gutes Essen als wir. Die Franzosen essen anders, und sie kaufen anders ein. Ihre Lebenseinstellung ist anders. Haus, Auto und Status stehen bei ihnen nicht an erster Stelle. Genuss hat Vorrang. Sie gehen auch viel lieber einkaufen als wir Deutschen.

Dass Einkaufen in Frankreich mit einer Frau wie Douce noch mehr Spaß macht als ohne sie, wird mir schlagartig klar, als wir den ersten Laden in Frankreich betreten: Man spricht Französisch. Und zwar nur Französisch. Hätte ich mir denken können, eigentlich.

„Ohne Französisch geht hier nichts, Horst, kein Deutsch, kein Englisch."

„Verstehe. Ohne Fra kein Bla. Ich müsste verhungern. Und dat sieht alles so lecker aus. Grüne Böhnchen, Rote Bete, Schalotten und guck mal hier die Champignons."

„Champignons? Na bitte, Horst, etwas Französisch geht ja doch über deine Zunge."

„So, Douce, ich bin bereit. Da steht mein Einkaufswagen. Du hast deinen Einkaufszettel, und jetzt gehen wir mal richtig einkaufen, wie das ein Sternekoch macht. Das ist nämlich richtig viel Arbeit. Die Leute denken ja immer, dass Sterneköche mit dem Weidenkörbchen über den Frischemarkt spazieren,

Dass Einkaufen in Frankreich mit einer Frau wie Douce noch mehr Spaß machen kann als ohne sie, wird mir schlagartig klar, als wir den ersten Laden in Frankreich betreten: Man spricht Französisch. Und zwar nur Französisch. Hätte ich mir denken können, eigentlich.

FRUITS & LEGUMES

POISS

jedes Kräutchen grüßen, zwischendurch ein Käffchen trinken und hier und da und überall ein Schwätzchen halten. – Bist du eigentlich Französin, Douce?"

„Ich bin in Stuttgart geboren. Da habe ich die ersten acht Jahre meines Lebens verbracht. Meine Mutter ist Französin, mein Papa Deutscher. Ich spreche beides."

„Männer können immer nur eines, nie zwei Sachen gleichzeitig. Ich schiebe den Einkaufswagen. Du kaufst ein, ich schiebe."

„Ja, und du wirst gleich noch sehen, wenn der Wagen richtig voll ist, wir ein- und umladen müssen … Sonst fahre ich ja immer mit Papa."

„Mit vier Rädern kenn ich mich aus. Pass mal auf, wie ich hier durch die Gänge donnere. Aber mal ehrlich: Ihr könntet euch ja auch vieles liefern lassen."

„Dann hätte Papa aber keinen Grund mehr, mit seiner Tochter einkaufen zu fahren, weißt du?"

„Verstehe. Heute darf ich mal seinen Platz einnehmen. Eine große Ausnahme, eine Ehre. Warum macht der das?"

„Dass du heute mitdarfst?"

„Nein, ich meine, dass er immer mit seiner Tochter zusammen einkaufen will."

„Weil er mich dann zweimal in der Woche für drei Stunden für sich alleine hat."

„Und er erfindet wahrscheinlich sogar noch irgendwelche Gründe, dass er mit dir einkaufen fahren kann, könnte ich mir vorstellen."

„Du sagst es. Aber die Gründe bleiben eine Sache zwischen Vater und Tochter. Topsecret."

„Schade, jetzt bin ich aber gerade neugierig geworden."

„Harmlos, Horst, er braucht ja eigentlich gar keine Argumente zu erfinden. Papa und ich kaufen ein und haben einfach viel Spaß dabei. Wir sind lustig unterwegs. Wir schauen uns die Leute an, mokieren uns über die, lästern ein bisschen. Machen das, was andere Leute auch machen, wenn sie andere Leute sehen. Eine Geschichte, ich weiß gar nicht, ob ich die erzählen darf … Da gab es einen Bettler, der stand jedes Mal, wenn wir an der einen Straßenecke vorbeikamen, an derselben Stelle. Wir haben ihm jedes Mal ein bisschen Geld gegeben. Das ging Monate so. Einmal hat er von uns statt Geld ein Baguette bekommen. Und was glaubst du? Die Woche drauf war er nicht mehr an seinem Platz. Papas Kommentar: ‚Der ist wahrscheinlich pleitegegangen, weil du ihm ein Baguette gegeben hast statt Bares! Darüber haben wir sehr gelacht. Harmlos, solche Sachen halt."

„Aber ihr macht nicht nur Quatsch, ihr kauft auch richtig ein."

„Der Blödsinn gehört dazu. Großeinkauf ist schließlich Knochenarbeit. Du kaufst zum Beispiel Zander. Aber nicht einen, sondern fünf oder sechs. Und einer wiegt sechs Kilo. Das zu schleppen ist eine Schufterei. Und so ist das ja mit allem, was du einkaufst. Und in der Küche geht's dann weiter. Du machst nicht einen Liter Fond, du machst eine Reduktion von 10 oder 15 Litern oder mehr. Das geht an die Kräfte."

Wenn ich uns hier so rumfahren sehe mit dem vollbepackten Wagen, ist das eine Rückreise in meinen Laden damals. Einkaufen war immer eine Plackerei und unter Zeitdruck, und in der Küche dann auch: Tempo, Tempo, Tempo. Ich hab' ja keine Kühlung gehabt. Fitness-Studio konnte ich mir sparen. Wenn ich den Laden auf hatte, musste ich auch vorher alles einkaufen. Dann schnell in meine Küche. Da alles auf einem alten französischen Kohlenherd vorbereitet und gemacht. 70 Essen täglich. Jeden Tag Soße machen, jeden Tag Fond. Jeden Tag neue Gerichte. Jeden Tag für 70 Gäste. Ich wusste nie, ob wirklich so viele kommen oder ob vielleicht mehr kommen würden.

Clever, wie ich war, hatte ich keine Speisekarte. Ich habe den Gästen immer erzählt, was es gab. Wenn ich den Fisch verkaufen musste, hab ich den besonders angepriesen, ist doch klar. Wenn ich was nicht mehr da hatte, habe ich es einfach nicht mehr angesagt. Ging prima ohne Karte. Aber so war auch alles immer frisch. Das geht mir auch heute noch so. Frisch muss alles sein. Edel muss ich nicht haben. Schischi und Heiteitei sowieso nicht. Diese ganzen Soßentupfer und Tellerstreichler. Gott sei Dank ist Douce nicht so eine.

„Was mir gerade so einfällt: Molekularküche gibt's bei dir gar nicht."

„Ich koche keine Molekularküche, weil ich das einfach nicht kann."

„Das ist doch mal ein klares Wort. Es gibt so viele Köche, die meinen, sie müssten auf dieser Welle schwimmen. Schäumchen hier, Schäumchen da. Die können das aber gar nicht und verrennen sich dann. Von wegen verrennen: Möchtest du da lang oder da lang? Ich fahre hinter dir her."

„Hier lang. Jetzt geht's in die Kälte, Horst."

„Wir kaufen Fleisch?"

„Fisch. Steinbutt. Udo braucht Steinbutt. Er hat gesagt, wenn ihr schönen Steinbutt bekommen könnt, bringt ihr den mit."

„Kalt hier drin. – Dein Mann, der Udo, wacht mit dir zusammen über die Geschicke vom Hirschen. Kann man das so sagen?"

Douce Steiner: „Ich koche keine Molekularküche, Horst, weil ich das einfach nicht kann."

Das ist doch mal ein klares Wort. Es gibt so viele Köche, die meinen, sie müssten auf dieser Welle schwimmen. Schäumchen hier, Schäumchen da. Die können das aber gar nicht und verrennen sich dann.

„Kannst du."

„Und ihr steht jeden Tag zusammen in der Küche. Zwischen Töpfen und Pfannen kann der Ton ja schon mal rau werden. Keine Probleme damit im Privatleben?"

„Ne, gar nicht. Wir ergänzen uns sehr gut. Du wirst dich wundern, wie harmonisch es in unserer Küche zugeht. Klar wird es schon mal stressig, aber bei uns wird nicht gebrüllt. Privat lassen wir uns Freiräume. Wenn man immer zusammenarbeitet, muss jeder für sich eine Spielwiese haben. Udo geht an freien Tagen Fliegenfischen, ich mache mein Ding, Justine ist dann noch in der Schule, und am Nachmittag treffen wir uns alle wieder und sind Familie."

„Ist das auch dein weiblicher Führungsstil?"

„Das ist auch im Urlaub so, wenn wir ganz privat sind, dass jeder auch machen kann, wozu er Lust hat."

„Wie wählst du eigentlich dein Personal aus? Haben Frauen mehr Chancen bei dir, weil du eine Frau bist?"

„Ich entscheide nach Qualität. Punkt. Wenn sich eine Mitarbeiterin bei uns hervortut, bestärke ich sie natürlich. Man muss als Frau in der Spitzengastronomie mehr leisten als die Männer, um zu beweisen, wie motiviert man ist. Meine Ausbildung habe ich ja bei Papa gemacht. Dann bin ich nach Frankreich zu George Blanc nach Vonnas. Ich war die einzige Frau unter 45 Köchen. Zum Glück konnte ich gut Französisch. Ich habe denen klargemacht, dass ich genau verstehe, was sie sagen. ‚Frauen gehören in die heimische Küche!' Das waren noch die harmlosesten Reden. Die haben mich regelrecht schikaniert, aber ich habe das durchgezogen."

„Unfassbar. Hut ab. Ich hab auch mal am Anfang meiner Lehrzeit als Koch bei einem gearbeitet, da hatte ich sogar Physik: Ich hab gelernt, dass Metall fliegen kann."

So langsam füllt sich unser Wagen. Mir ist vom Schieben auch gar nicht mehr kalt hier drin.

„Die Spitzengastronomie ist eine Männerdomäne, wie du weißt. Die Herren am Herd verlieren aber an Terrain, es kochen sich immer mehr Frauen nach oben."

„Hättest du aus Trotz nicht den Hirschen umbenennen müssen?"

„Wie meinst du das?"

„Ein Zeichen setzen. Statt ‚Zum Hirschen' ‚Zum Reh', dachte ich."

„Da habe ich noch gar nicht drüber nachgedacht … aber ein doch sehr interessanter Gedanke …"

Douce spricht mit dem Verkäufer über den Steinbutt. Es geht um Gewicht und Preis, glaube ich.

„Der hat 6 Kilo. Und die beiden je 5. Wir nehmen alle drei. Was meinst du, Horst?"

„Die sehen sehr schön aus."

Dann fragt sie den Verkäufer etwas, das ich nicht verstehe. Dabei zeigt sie auf mich.

„Ah", sagt der, „Monsieur Moustache, non", und lächelt nett.

„Er kennt dich nicht. Ich habe es ihm erklärt, aber er kennt dich nicht."

„Erstaunlich. Obwohl viele Elsässer meine Sendungen ja gucken."

„Ja, aber die würden mich hier auch nicht kennen, wenn ich nicht immer mit Papa herkommen würde. Den kennen sie natürlich. – Jetzt schieben wir mal hier raus aus der Kältekammer, Monsieur Moustache."

„Oui, oui, Madame Steiner. Und gehen zur Kasse?"

Douce prüft ihren Einkaufszettel. Ich stehe Einkaufswagen bei Fuß.

„Ja, Horst, alles abgearbeitet für heute."

An der Kasse lege ich auf, alles raus aus dem Monster von Einkaufswagen, das Band läuft und läuft. Was jeder vom Einkaufen kennt, dauert hier zehnmal so lang. Dann wieder alles in den Einkaufswagen zurück. Dann zum Parkplatz, das Auto beladen. Der ist aber für Großeinkäufe wie gemacht, denke ich. Heckklappe auf. Douce gibt an, ich lade ein. Jede Lücke will gefüllt sein. Das dauert. Noch mal das ein oder andere Teil umsortieren, anders stapeln, kurze Abstimmung, alles drin? Der Kleintransporter ist bis unters Dach voll.

Unterwegs unterhalten wir uns weiter. Douce fährt.

„Und dein Papa, der war ja ein ganz Berühmter. Zwei Sterne wie du jetzt. Erzähl mal. Wie war das mit deiner Familie?"

„Die haben die Basis geschaffen, ein großes Glück."

„Woher kommen die Steiners?"

„Also, Oma und Opa Steiner kamen ursprünglich aus Polen, von da aus sind sie nach Frankreich. Wegen der wirtschaftlichen Verhältnisse damals, so genau kann ich's nicht sagen. Später sind sie nach Stuttgart, wo mein Vater geboren ist. Seine Ausbildung hat er in Freudenstadt im Hotel Beausejour gemacht, dann war er in Basel, und Mitte der 60er wechselte er ins Londoner

Douce Steiner: „Meine Ausbildung habe ich ja bei Papa gemacht. Dann bin ich nach Frankreich zu George Blanc nach Vonnas. Ich war die einzige Frau unter 45 Köchen. Zum Glück konnte ich gut Französisch. Ich verstehe genau, was ihr sagt, habe ich denen klargemacht ‚Frauen gehören in die heimische Küche!' Das waren noch die harmlosesten Reden."

Hilton. Danach kam Paris, Hotel Lancaster. In Paris hat er meine Mutter kennengelernt."

„Oh, in der Stadt der Liebe. Wie romantisch. "

„Sehr romantisch. Willst du wissen wie?"

„Und ob."

„Mama hat als Näherin für ein Modehaus gearbeitet. Sie wohnte in einem Haus direkt gegenüber dem Haus, in dem mein Vater wohnte. Beide auf der gleichen Etage. Sie konnten sich wohl sehr gut sehen."

„Die haben sich beobachtet …"

„Wohl eher mein Papa meine Mama. Bestimmt sind sie sich auch mal auf der Straße über den Weg gelaufen, beim Einkaufen, Nachbarn eben. Jedenfalls, wenn beide abends zuhause waren, hat mein Vater sich mit seiner Gitarre ins beleuchtete Fenster gesetzt und für sie gespielt."

„Nein! Romantik pur."

„Den Rest kann man sich denken."

„Sehr schön. Wunderbar. Und Udo, dein Mann, hat das bestimmt auch so gemacht."

„Ne, ganz anders."

„Wie denn?"

„Wir haben uns an seinem letzten Abend in der Traube Tonbach kennengelernt. Also, wir kannten uns ja schon von der Arbeit dort. Wir waren Kollegen. Mehr nicht eigentlich. Er war in eine andere aus der Küche verliebt, dachte ich. An seinem letzten Abend kamen wir irgendwann ins Gespräch, und er hat mich gefragt, ob ich mit ihm noch was trinken gehen will. ,Du findest doch die Dings nett', habe ich zu ihm gesagt. ,Ja, nett', hat er gesagt, ,dich finde ich aber netter als nett.'"

„Nein! Netter als nett, ein echter Charmeur, dein Mann, der Udo."

„Ja, er ist nicht gerade der Romantiker. Nachdem wir was trinken waren, hat er mich heimgefahren – er ist dann nicht mehr heimgefahren …"

„Dolle Geschichte. Dein Papa mit deiner Mama so romantisch mit Musik und so und dein Mann, der Udo, mit klarer Ansage. Das musst du beides erst mal bringen. Und wie gings dann weiter? Also, ich meine generell."

„1980 hat Papa mit meiner französischen Mama in Sulzburg den Hirschen übernommen. Davor war noch Stuttgart, wo er Küchenchef in der Traube und danach im Hotel Schlossgarten war. In Stuttgart bin ich 1971 geboren."

„Und wie lange bist du jetzt mit Udo im Hirschen das Platzreh? Platzhirsch in der Küche kann man bei einer Frau ja schlecht sagen."

„Offiziell seit 1997."

„Und gleich zwei Sterne vom hochdekorierten Papa übernommen."

„Und 2008 haben Udo und ich auch die geschäftliche Gesamtverantwortung übernommen."

„Ein Stern war ja dann erst mal weg."

„Ja, im November 2008. Wir waren gerade mal elf Monate am Ruder. Aber den Glanz muss man sich eben erarbeiten. Den erbt man nicht."

„Du meinst die Sterne. Warst du nicht trotzdem traurig?"

„Ein paar Tränen habe ich geweint. Das ist normal. Aber ich habe ja schon früh gelernt, mich durchzusetzen. Insofern war Frankreich mit 45 kochenden Kollegen auch eine gute Schule für mich."

„Deine Familie stand hinter dir."

„Aber klar. Den Verlust konnte ich verkraften. Wir sind eine eingeschworene Gemeinschaft, ein richtiger Familienbetrieb. Das gleicht aus. Und vor lauter Frust über den verlorenen Stern die eigenen Leute in der Küche zusammenbrüllen bringt auch gar nichts."

„Also keine Marschmusik beim Kochen, sage ich."

„Bei mir höchstens mal Pink Floyd."

„Dark Side of the Moon oder Learning to Fly?"

„Dann Learning to Fly. Aber eher nicht beim Kochen, würde mich ablenken."

Wenn ich so drüber nachdenke, wie das bei mir früher war. Bevor ich mit 14 meine Koch-Ausbildung begonnen habe, hat man die, die in die Küche wollten, bei der Berufsberatung vor Risiken und Nebenwirkungen am Arbeitsplatz gewarnt: „Nehmen Sie sich bloß in Acht vor tieffliegenden Pfannen!" Gut, ich habe die dreijährige Ausbildung ohne körperliche Verletzungen hinter mich gebracht. Aber mit einer ausgeprägten Schüchternheit bist du in der Küche sicher fehl am Platz. Dazu kommt, dass du verdammt früh aufstehen musst. Ob in der Ausbildung oder nachher im Job. Nach der Ausbildung sind dann Schichten bis 2 Uhr nachts nicht selten. Ungewöhnliche Arbeitszeiten, wenig Schlaf, Stress, kaum Privatleben. Wenn dann auch noch ein cholerischer Küchenchef um dich herumspringt, kannst du Zweifel bekommen an der Faszination des Kochberufs.

Derart menschliches Versagen gibt es bei Douce nicht. Bei ihr wird's nie

Douce ist ständig auf der Suche nach den besten Produkten. Dabei verlässt sie sich auch auf die Beziehungen, die ihr Papa aufgebaut hat. Fische und Meeresfrüchte beziehen die Steiners seit dreißig Jahren vom selben Lieferanten. Da ist auch eine menschliche Beziehung entstanden, eine Vertrauensbasis, die man nicht einfach aufgibt.

laut, erzählt sie mir. Ja, es kann stressig sein an manchen Tagen, aber sie ist für einen respektvollen Umgang miteinander. Ich glaube ihr, wenn sie sagt, dass sie Interesse an den Menschen hat, mit denen sie arbeitet. Den Befehlston habe sie ja in Frankreich gehabt. Sie könnte das nicht. Und das nicht nur, weil sie eine Frau ist. Nein, weil sie als Mensch so ist. Außerdem sei Druck nicht gut für die Qualität der Arbeit, betont sie. Das hemmt die Mitarbeiter. Und das will sie ganz und gar nicht.

Seit Herbst 2012 hat Douce ihren zweiten Stern zurück. Ich frage sie, ob sie die Testesser eigentlich kennt.

„Nein, die rufen vorher nicht an. Wenn ich wüsste, da ist einer unter den Gästen, dann wäre ich befangen. Meine Gäste sind meine Testesser."

„Ist dir das wichtig? Unabhängigkeit?"

„Sehr wichtig. Ich will mich nicht abhängig machen. Bei meinen Eltern war das zum Beispiel so: Die haben den Hirschen damals ganz ohne Darlehen gekauft. Keine Bank wollte ihnen Geld geben. Umgebaut und renoviert haben sie dann auch immer aus dem laufenden Geschäft heraus. Als ich dann übernommen hatte, standen die Banken plötzlich vor der Tür:

,Das Geschäft läuft doch, Frau Steiner, möchten Sie nicht mal investieren?'

,Ich investiere ja', habe ich geantwortet, ,ständig, aber ich brauche Ihr Geld nicht, das mache ich aus dem laufenden Geschäft, wie meine Eltern.'"

„Umgang mit Geld muss man auch lernen."

„Aber sicher, das Thema habe ich mit unserer Tochter Justine auch immer. Heute ist sie mit Freundinnen nach Rust in den Europa Park. Vor ein paar Tagen kam sie zu mir und hat gefragt, ob ich ihr den Eintritt bezahle, 40 Euro. Darüber, dass es so teuer ist, war sie selbst erstaunt. ,Leiste was, dann kriegst du was', habe ich geantwortet. Du kennst das ja: Zimmer aufräumen, Betten machen, Rasen mähen. Es gibt genug Arbeit für alle. Gesagt, getan. 20 Euro hat sie sich verdient. Es fehlten aber noch 20. ,Du hast eine EC-Karte, geh zum Automaten und nimm die 20 von deinem Konto.' Natürlich hat sie ein Gesicht gezogen. Ich habe ihr dann noch einen Zwanziger in Reserve mitgegeben. Aber nur ausgeben, wenn es nötig ist. Das war's."

„Da steckt aber noch mehr dahinter. Lernen, was arbeiten heißt."

„Ja, ich möchte auch, dass sie erst mal eine Ausbildung macht, bevor sie studiert. Zuerst eine Lehre, lernen, was Arbeiten, was Geldverdienen heißt. Das fehlt bei vielen jungen Leuten. Die verstehen nicht, dass man auch mal

was tun muss, um nach oben zu kommen. Die denken, das käme alles von oben, würde vom Himmel fallen. In unserem Betrieb kann ich mich aber nicht beschweren. Das sind alles Gute."

Douce ist in vielem eine Ausnahme. So ist auch ihr Laden. Douce ist ständig auf der Suche nach den besten Produkten. Dabei verlässt sie sich auch auf die Beziehungen, die ihr Papa aufgebaut hat. Fische und Meeresfrüchte beziehen die Steiners seit dreißig Jahren vom selben Lieferanten. Da ist auch eine menschliche Beziehung entstanden, eine Vertrauensbasis, die man nicht einfach aufgibt. Und die man heute auch nur noch selten findet. Diese Vertrauensgrundlage hat sie auch mit ihren Gästen. Die schätzen und honorieren das. Nicht wenige sind schon seit Jahren und Jahrzehnten Stammgäste.

Schade, dass die Einkaufstour mit Douce jetzt schon zu Ende ist. Sie parkt den Wagen vorm Hirschen.

„Da wären wir. Jetzt müssen wir alle Einkäufe reinschaffen. Wir haben aber dieses Mal starke Hilfe, Horst."

Douce muss jetzt schnell in die Küche, an ihren Herd. Mittwochmittag, nach den beiden Ruhetagen, ist immer viel Betrieb.

Das Mittagsmenü hat sie eingeführt.

Nach dem Ausladen stehe ich mit einem Tässchen Kaffee bei der Küche und beobachte Douce, wie sie dirigiert. Sie wechselt von Deutsch nach Französisch oder Englisch, wenn sie mit ihren Mitarbeitern spricht.

Sie gibt ihre Anweisungen, wie sie kocht: leicht und elegant. Sie ist die Chefin, aber sie ist „Gastro", nicht „Macho". Sie ist eben Douce.

DAS KÖLSCHE „WIRTSCHAFTSWUNDER"

Bei Oma Kleinmann

KÖLN

Vier Köpfe, ein Geist: In der Küche steht Olaf-Maria Wolf am Herd. Die Frau an seiner Seite in der Küche ist seine Schwägerin Ivana Küther. Die Frau an seiner Seite, im Leben und im Beruf, ist seine Ehefrau Lara-Maureen. Und sein Schwager Thore Küther hält allen den Rücken frei und macht die Büroarbeiten. Bei Oma Kleinmann ist heute ein echtes Familienunternehmen mit vier Unternehmern am Start, die alle ein Ziel haben: die lange Tradition von Paula Kleinmann weitertragen.

Heute treff ich einen Geist. Ich hoffe es wenigstens: den Geist von Oma Kleinmann. Mitternacht ist aber noch lange nicht. Meine Geisterstunde ist der frühe
Abend, und Montag ist auch noch. Ich hoffe, der Geist von Oma Kleinmann
hat heute keinen Ruhetag. Am besten erklär ich euch erst mal, wer Oma
Kleinmann war.

Willkommen in Köln! Ich stehe vor dem Haus in der Zülpicher Straße. Das
isses. „Bei Oma Kleinmann" steht dran. Ein Tipp von einem guten Freund. –
Bis jetzt ist noch keine Menschenseele zu sehen. Und doch … ich höre Stimmen. Besser gesagt, eine. Ist das schon der Geist von der Omma (rheinisch für
Oma)? Die Stimme schreit nach einem Anstrich. Es ist das alte Haus, vor dem
ich stehe. Es schreit nach einem Eimer Farbe, mindestens einem. Obwohl, Farbe ist schon dran. Und bunt ist es. Megaviele Graffiti. Bis an den ersten Stock
hinauf ist die Fassade damit übersät. Na, ob das der Oma gefallen hätte?

Willkommen im Kwartier Latäng! (Kölsch für Quartier Latin.) Dem Viertel
mit den vielen, schönen Bürgerhäusern aus der Gründerzeit. Das Eckhaus
mit der Kneipe von Oma Kleinmann? Der Anblick tut mir in der Seele weh.
Das Haus sieht für mich aus wie eins, bei dem man die Renovierung schon
vor Jahrzehnten vergessen hat. Und drumherum? Der totale Kontrast. Links
und rechts davon und gegenüber auf der anderen Straßenseite das grellbun-
te Multikultileben. Komisch, dass das graue Haus von der Omma auf mich
irgendwie beruhigend wirkt; der Fels in der Brandung. Obwohl ein großer,
dunkler Klotz, irgendwie schön, wie aus der Zeit gefallen. So, wie wohl auch
Oma Kleinmann gewesen sein muss. Ich hab sie ja leider persönlich nie kennengelernt. Leider, muss ich sagen, weil ich das verpennt habe.

Oma Kleinmann, Paula Kleinmann, die Studentenmutter, wie man sie hier
auch nannte, hat im Kwartier Latäng 60 Jahre ihr Leben als Wirtin gelebt. Sie
war mit ihrem Laden eins. Oma Kleinmann war der Laden, und der Laden
war Oma Kleinmann. Ende November 2009 ist sie hochbetagt gestorben, stolze 95 Jahre ist die Dame alt geworden. Sehr alt für einen Menschen in dem
Job. „Wirtin ist nach Krankenpfleger der zweitschwerste Beruf", das soll sie
mal gesagt haben. Ich kann das gut verstehen.

Oma Kleinmann, Paula Kleinmann, die Studentenmutter, wie man sie hier auch nannte, hat im Kwartier Latäng 60 Jahre ihr Leben als Wirtin gelebt. Sie war mit ihrem Laden eins. Oma Kleinmann war der Laden, und der Laden war Oma Kleinmann. Ende November 2009 ist sie hochbetagt gestorben, stolze 95 Jahre ist die Dame alt geworden.

Olaf-Maria Wolf führt die Kneipe
von Oma Kleinmann seit 2003. Er hat
den Laden von Ralf Kleinmann, dem
Enkel, übernommen, samt dem alten
Brauerei-Pachtvertrag. Seit 2001 war
Oma Kleinmann in Rente. Ihr Enkel Ralf
war aber kein richtiger Gastronom oder
wollte einfach keiner sein.

Am Anfang des Zweiten Weltkrieges war sie von Westfalen her mit ihrem ersten Mann Willi Voß nach Köln gezogen. Sie hatten Pläne. Aber ihr Willi starb gegen Ende des Krieges. Mit ihrem zweiten Mann, Willi Kleinmann, hat sie dann Ende der 1940er Jahre das Lokal hier eröffnet, das „Zum Goldenen Krug" hieß und seit 1999 „Bei Oma Kleinmann" heißt. Paula Kleinmann war gelernte Köchin. Wirtin musste sie erst noch werden.

So, und jetzt gehen wir rein. Gerade ist drinnen nämlich das Licht eingeschaltet worden, und Olaf hat die Tür aufgemacht.

„Bin ich hier richtig, in der letzten echten Eckkneipe inmitten von Dönerbuden und Cocktailbars? Hallo Olaf, ich bin der Horst."

„Willkommen ‚Bei Oma Kleinmann', Horst, komm rein."

Olaf-Maria Wolf führt die Kneipe von Oma Kleinmann seit 2003. Er hat den Laden von Ralf Kleinmann, dem Enkel übernommen, samt dem alten Brauerei-Pachtvertrag. Zwei Jahre vor der Übernahme war Oma Kleinmann in Rente gegangen. Ihr Enkel Ralf war aber kein richtiger Gastronom oder wollte einfach keiner sein. Der hatte seine Footballkarriere im Kopf, spielte professionell für Frankfurt Galaxy. Und Profifootball und Profikneipe passen einfach nicht zusammen.

„Sach mal, du hast aber nicht extra für mich heute aufgemacht?"

„Extra für dich. Sonst könnten wir hier ja keine ruhige Minute reden. Setz dich, Horst."

„Verstehe. Und auch nicht dem Geist von der Oma lauschen."

„So isset. Du kannst ja morgen zum Essen kommen, wenn hier richtig was los ist. Willst du mal die Karte sehen? Hier: Wir machen alles selbst."

„Auch Kartoffelsalat?"

„Auch."

„Klöße?"

„Die auch."

„Auch die Soßen?"

„Alles."

„Schnitzel Wiener Art vom Schwein, oder?"

„Ne, ne, original Wiener, Kalbfleisch."

„Wo bekommt ihr euer Fleisch her?"

„Bio. Artgerechte Haltung."

„Echt? Hätte ich jetzt in so einem Laden nicht gedacht. Tschuldige. Dein Laden hier – dat is ja kein Pomp."

„Wir legen Wert aufs Essen. Das Fleisch ist zwar über die Hälfte teurer im Einkauf, aber es lohnt sich. Den Leuten schmeckts. Klar, der Laden ist antik. Aber beim Essen sind wir ganz aktuell."

„‚Chili Lilli' les ich hier. Wat muss ich mir denn dadrunter vorstellen?"

„Das ist ein Jägerschnitzel mit kalter Tomaten-Chili-Soße, Bratkartoffeln und Salat."

„Und die Soße natürlich selbst gemacht."

„Na, klar."

„Aber wie kommst du auf ein Jäger mit scharfer Soße?"

„Das kommt vom Kappeskegeln. Statt der Kugel nimmst du 'nen Weißkohl."

„Kappeskegeln? Sensationell."

„Ja, wir kegeln so einmal im Jahr im Mai; hier drinnen. Dann machen wir vor der Theke alles frei, rollen einen grünen Läufer aus, das ist dann die Bahn, die Kegel stehen da …"

„Und was hat das jetzt mit dem Chili-Jäger zu tun?"

„Der Sieger beim Kappeskegeln darf sich mit seinem Schnitzel-Lieblings-gericht bei uns verewigen. Auf unserer Website findest du vom Kappeskegeln 'ne ganze Menge Bilder."

„Und deine Gäste kommen woher?"

„… dem Veedel (Kölsch für Stadtviertel). Jedes Alter. Und natürlich unsere vielen Studenten. Wir sind ja hier mitten im Studentenviertel. Deshalb eben auch Kwartier Latäng."

„Und die können sich dat von ihrem BAföG leisten?"

„Trinken und wichtig diskutieren ist ja nicht so teuer, Horst. Aber nur mal als Beispiel: Wir haben neben dem Original-Wiener auch ein Schnitzel Wiener Art mit Bratkartoffeln und Salat für zwölfneunzig. Oder du kannst zwei Spiegeleier für zwei Euro haben."

„Und die kamen auch immer zur Omma?"

„Ja, und es kommen ja jedes Semester wieder andere. Und bisher ist noch keiner von denen hier verhungert."

Immer wenn ich das Wort Hunger höre, werde ich sentimental. Da muss ich an früher denken. Bei uns zuhause mit dem Essen. Meine Eltern waren echt arme Schlucker. Kaum Geld, aber richtig Hunger. Einmal beim Frühstück

Warum hatte Oma Kleinmann eigentlich
Erfolg? Die Antwort steht in keinem Handbuch für Gastro-Gurus. Ich sage: Weil sie
alle ihre Gäste von Herzen lieb hatte und
dieses Liebhaben auf Gegenliebe stieß.
Bei Oma Kleinmann gab es nicht nur die
größten Schnitzel, sondern auch so eine Art
großes Urvertrauen zwischen Gastgeber
und Gast.

hatten wir noch so'n ganz kleines Stück Leberwurst. Und dann mein Papa: „Kannst dem Jung' dat Stück Wurst geben. Ich ess Brot ja lieber nur mit Butter drauf." Und ich Steppke hab das tatsächlich geglaubt. Als kleiner Junge glaubt man ja alles, was die Eltern einem sagen. Ich dachte wirklich, der Papa isst seine Scheibe Brot lieber ohne Wurst, nur mit Butter. Dass der aus Liebe zu seinem Horsti auf die Wurst verzichtet hat, hab ich gar nicht kapiert. War einfach eine andere Zeit, ganz anders.

Draußen wird's jetzt langsam dunkel und hier drinnen immer gemütlicher. Aber auch seltsam still. Eine Stille ist das, bei der man sich selbst beim Reden zuhören kann.

„Wie war das, als die Oma noch lebte, Olaf, hat die immer noch mit im Laden gestanden?"

„Zwischen ihrem 95. Geburtstag, den wir hier noch ordentlich gefeiert haben, und dem Tag, als sie gestorben ist, liegen gerade mal sieben Wochen. Am 27. August ging hier noch die Post ab. Am 29. November war die Oma nicht mehr. An dem Tag, als sie ins Krankenhaus kam, hat sie noch Kartoffeln geschält. Das ist gut für meine Hände, hat sie gesagt, die immer gearbeitet haben – die dürfen nicht plötzlich ruhen."

„Sie war ein Arbeitstier und immer die Chefin hier …"

„Ja, da konnte sie sich auch nur schwer von verabschieden. Das war ihre Kneipe. Das war ihr Leben."

„Sie hat auch hier gewohnt, richtig?"

„Bis zuletzt. Mit meiner Frau Maureen hab ich den Laden ja von ihrem Enkel übernommen. Der Wunsch von der Oma war eigentlich, dass das ihr Enkel macht, aber der hatte andere Pläne, wie du weißt."

„Die Oma hatte keine eigenen Kinder?"

„Doch, doch, einen Sohn, den Gustav. Der ist aber, kurz nachdem wir die Geschäfte übernommen hatten, mit nicht mal sechzig gestorben. Der Gustav hatte mit seiner Mutter den Laden geführt, seitdem der Vater tot war."

„So, und dann kommst du mit deiner Frau ins Spiel."

„Genau. Die Oma hat weiter hier gewohnt."

„Hier drüber?"

„Nein, die hat hinten, wo jetzt die größere Küche ist, gewohnt. Einen Wohn- und einen Schlafraum und Bad."

„Hatte Wohnrecht auf Lebenszeit."

„So isses. Dafür hat sie für uns eimerweise Kartoffeln geschält. Dabei hat sie Fernsehen geguckt. Und weil sie schwerhörig war, wir mit."

„Ihr habt gehört, was sie guckt, und wusstet, aha, jetzt schält sie Kartoffeln."

„Und ich sag dir, sie hat eigentlich immer Fernsehen geguckt …"

Der Laden von Oma Kleinmann war immer ein Treffpunkt. Eigentlich hieß die Kneipe ja „Zum Goldenen Krug", was sich aber nie eingebürgert hatte. Wir gehen zu Oma Kleinmann, sagten die Leute. Damit war klar, wo es hinging. Oma Kleinmann hatte fast nur Stammgäste. Hier trafen sich Nachbarn und Studenten, Promis und urkölsches Publikum, Neugierige und Freunde. Wenn es nicht schon den legendären „Kölner Treff" im Fernsehen des WDR gegeben hätte, der Laden von der Oma hätte einen perfekten Kölner Treff abgegeben. Tatsächlich hat es einen Auftritt von Oma Kleinmann im echten „Kölner Treff" gegeben. Das war 1979. Oma Kleinmann aus der Kölner Neustadt-Süd ein TV-Star? Fast nicht zu glauben. Klar, ihr Format war der Live-Auftritt. Den hatte sie ja täglich in ihrer Kneipe. Da wird Fernsehen nicht viel anders sein, wird sie sich gedacht haben. Mit dieser Selbstverständlichkeit folgte sie der Einladung von Alfred Biolek und Dieter Thoma. Ihr Auftritt im „Kölner Treff" machte sie weit über die Grenzen von Köln hinaus bekannt. Oma Kleinmann kam sozusagen groß raus; in einem Alter, in dem andere in Rente gehen. Ein Leben ohne Arbeit war für sie aber sowieso unvorstellbar. Sie war Wirtin mit Leib und Seele, und sie war die Seele von dem Laden. Auch noch als sie in ihrer kleinen Zweizimmerwohnung lebte, direkt neben ihrer Küche, in der sie weit über 60 Jahre gekocht und gewirbelt hatte. „Lasst mich bis zum letzten Atemzug arbeiten, das ist mein Wunsch", hat sie einer Kölner Illustrierten mal gesagt. Und so ist es ja auch fast gekommen.

Warum hatte Oma Kleinmann eigentlich Erfolg? Die Antwort steht in keinem Handbuch für Gastro-Gurus. Ich sage: weil sie alle ihre Gäste von Herzen lieb hatte und dieses Liebhaben auf Gegenliebe stieß. Bei Oma Kleinmann gab es nicht nur die größten Schnitzel, sondern auch so eine Art großes Urvertrauen zwischen Gastgeber und Gast. Vielleicht sogar eine Seelenverwandtschaft. Schwer zu sagen. Die selbsternannten Gastro-Experten, die es heute zahlreich gibt, tun sich da ganz leicht, wissen genau Bescheid: „Jedes Lokal, das Erfolg haben will, braucht eine Seele." Kann ich unterschreiben. Aber habt ihr mal versucht, einem seelenlosen Laden Leben einzuhauchen? Seele rein,

Deckel drauf, Laden läuft? In drei Schritten zum Erfolg? Toll. Das ist aber leider nur die Theorie. Einem Laden, dem die Seele fehlt, kann man keine einpflanzen. Seele liegt in den Genen. Ja, es ist so: Du musst der geborene Gastwirt sein. Das gilt auch im 21. Jahrhundert. Und das heißt: Du musst mit Menschen können. Dienen wollen, ohne Unterwürfigkeit, den Gast herzlich aufnehmen, ihm ein warmes Gefühl geben. Er soll sich eine Zeit lang wie zuhause fühlen, obwohl er seine sichere Höhle vorübergehend verlassen hat.

Man spricht ja heute gerne vom Mehrwert. Wat is'n Mehrwert? Da stellen wir uns mal janz dumm – wie bei der Dampfmaschin'. Also, Mehrwert ist mehr, als nur einen Platz an einem Tisch zu finden, die Jacke an die Garderobe hängen zu dürfen, ein Essen zu bestellen, zu zahlen und Tschüss. Mehrwert ist mehr. Das ist Gefühl, das ist Wertschätzung, das ist Respekt, das ist Motivation, das ist Freundlichkeit, das ist Persönlichkeit, das ist Kommunikation, das ist Charakter, das ist Charme, das ist Sympathie. Wer nicht ein ordentliches Portiönchen von alldem draufhat, kann kein Wirt werden. Und darum ist der Spruch „Wer nichts wird, wird Wirt" auch völlig bescheuert. Wer Wirt sein will, muss Gastgeber sein – und dazu muss er verdammt viel von dem sein, was Oma Kleinmann war: ein Schatz, ein lebendiges Wirtschaftswunder.

Außerdem – man glaubt es nicht – es gibt auch Wirte, die haben was Ordentliches gelernt. Die Omma zum Beispiel: Als eines von zwölf Kindern hat sie schon als 14-Jährige für die Familie gekocht. Irgendwie war ihr Weg wohl vorbestimmt. Oder er war aus der Not geboren. 1914 im Westfälischen, nahe Soest, geboren, ist sie in einer sehr entbehrungsreichen Zeit groß geworden. Trotzdem haben alle Geschwister der Familie eine Ausbildung machen können. Paula besuchte zunächst eine kaufmännische Handelsschule. Mit 16 Jahren wechselte sie auf die Hauswirtschaftsschule. Sie muss wohl ehrgeizig gewesen sein, denn danach war immer noch nicht Schluss mit Wissensdurst. Sie wollte unbedingt noch in eine anerkannte Lehrküche in der Großstadt; das war Dortmund. Und Paula Kleinmann wollte immer weiter. Vielleicht auch immer weiter weg von ihrem Leben als westfälisches Mädel, hinein in die große Welt.

Auch wenn zwischen der jungen Paula und mir, dem jungen Horst, Jahrzehnte liegen, erkenne ich doch bestimmte Ähnlichkeiten in meinem Werdegang und dem Drang, aus den engen Verhältnissen in Rommerskirchen rauskommen und mit unbekanntem Ziel aufbrechen zu wollen.

Paula Kleinmann ist aufgebrochen, hat sich hochgearbeitet, hat immer mehr Verantwortung getragen, Erfahrung gesammelt und für ihre Zeit gutes Geld verdient und ihr Ziel, weiterzukommen, nie aus den Augen verloren. Anfang des Zweiten Weltkriegs kam sie nach Köln. In Köln-Bickendorf wurde sie Köchin in der „Bauernstube". Ihr Chef war ihr späterer, zweiter Mann, Willi Kleinmann. Willi, 15 Jahre älter als Paula, war in Bickendorf eine große Nummer, mit großer Kneipe, großer Tradition und großer Klappe, der sogar eigene Rennpferde hatte.

Die Ehe war wohl nicht aus Liebe geschlossen worden und das Eheleben nicht ohne Probleme. Aber Paula hat ihren Willi im Griff. Der kölsche Lebemann und die westfälische Powerfrau rauften sich immer wieder zusammen. Dann der Schlag: Am ersten Weihnachtstag 77 starb Willi Kleinmann. Paula war da schon im Rentenalter. Aber aufhören? Aufgeben? Niemals. Kneipe und Kochen war einfach ihr Leben. Und eigentlich sollte ja ihr Sohn Gustav das alles mal übernehmen. Ihr Lebenswerk. Den Pachtvertrag hatten sie und ihr Willi schon ein paar Jährchen vorher an den Sohn übertragen.

Anfang der 1980er Jahre verdienten Mutter und Sohn ganz gutes Geld. Der Laden war auf dem Höhepunkt. Alles, was in Köln einen Namen hatte, war Gast bei Oma Kleinmann. Paula hatte es sich bestimmt verdient. Und auch Gustav, ihr Sohn, der mehr auf den Vater kam, profitierte davon: Rennpferde, schicke Autos. Freundinnen soll er eine Menge gehabt haben. Die hätten ihn aber ausgenutzt.

Bald muss für Mama Kleinmann klar gewesen sein, dass sie auf ihren Sohn nicht setzen kann – nicht, was die Kneipe betraf. Gustav fehlte die Power und die Disziplin der Mutter; auch die starke Beziehung zum Laden. Zwar war er in der Kneipe aufgewachsen, hatte aber ein anderes Berufsziel vor Augen. Seine Ausbildung als Versicherungskaufmann hatte er dann aber unfreiwillig aufgeben müssen, weil die Mutter, die sich einen Arm gebrochen hatte, seine Hilfe brauchte. Gustav, der sich innerlich eigentlich gegen den Laden entschieden hatte, stand von diesem Tag an hinter der Theke und zapfte Kölsch. Am Ende wohnte er als über 50 Jahre alter Mann bei seiner Mutter in der winzigen Zweizimmerwohnung. Tragisch. Der Laden, an dem die Mutter hing, wurde dem Sohn zum Verhängnis. Das Geld, das er verdiente, haute er raus. Wahrscheinlich war das für ihn ein Ausgleich für sein ungelebtes Leben außerhalb der Kneipe. Auch Paula kam nicht mehr mit. Eine Steuernachzahlung fraß die letzten Reserven. Von all ihrem ehrlich und hart verdienten Geld hätten sie eigentlich das Haus mit Laden und Wohnungen kaufen können. Das wäre ihre Altersvorsorge gewesen. Das Leben ist eben manchmal nicht nur hart, es kann auch böse ungerecht sein.

Ich frage Olaf, wie das ist, wenn man einen Laden mit so einer Geschichte und so viel Schicksal übernimmt.

„Du kannst dem nichts entgegenhalten. Du kannst die Oma ja nicht ersetzen. Wenn du das versuchst, kannst du nicht gewinnen. Wir haben da weitergemacht, wo sie aufgehört hat, machen aber trotzdem manches anders. Bekannt waren hier ja vor allem die Wildgerichte und die Gänsemenüs. Zuletzt gab es Gans bei der Oma schon Anfang September. Wir haben das wieder abgeschafft. Bei uns gibt es Gans klassisch von Oktober bis Dezember. Schnitzel steht bei uns auch im Mittelpunkt. Aber auch hier weichen wir bewusst von dem ab, was man so kennt. Nicht nur Jäger, Zigeuner und Wiener wie vor hundert Jahren, sondern auch anders kombiniert, wie etwa das Chili-Jäger. Und wir sind grüner geworden, wie ich dir am Beispiel Fleisch ja erzählt habe."

„Ihr setzt den Weg von Paula Kleinmann also mit neuen Ideen fort."

„Ja, und wir sind wie sie damals ein Familienunternehmen. Sogar noch mehr als sie zu ihrer Zeit. Meine Frau und ich werden durch den Bruder meiner Frau, Thore, und dessen Frau Ivana unterstützt. Und auch meine Schwester Ruth hatte schon mal den Weg in unsere Küche gefunden. Alle, die hier anpacken, sind keine Amateure, sie haben ihr Handwerk wie die Oma in der Gastronomie gelernt."

„Also, zwei Paare, eine Kneipe. Das geht?"

„Das geht sogar sehr gut. Wir wollen ja auch noch ein Privatleben haben. Wir haben Kinder. Auch mein Schwager mit seiner Frau hat Kinder. Familie soll bei uns nicht zu kurz kommen. Daher haben wir uns für dieses Konzept entschieden. Eigentlich ein Glücksfall."

„Und so eine Vereinbarung, wie es sie mal mit dem Bordell hier um die Ecke gegeben haben soll, käme für euch heute auch nicht mehr in Frage. Da gibt es ja diese seltsame Geschichte …"

„Ja, du wirst lachen, Horst, auch das würden wir heute ganz anders machen. Aber im Ernst: Abgesehen davon, dass es den Laden sowieso nicht mehr gibt, die Story hält sich."

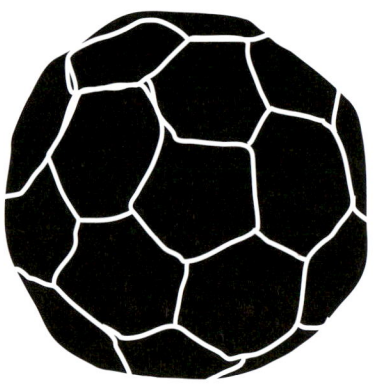

„Der Sex-Laden war für die Oma eine Einnahmequelle? Eigentlich unvorstellbar."

„Mehr ihr Sohn hatte das arrangiert. Sagen wir so: Der Gustav hatte keine Berührungsängste und mit dem Betreiber eine lukrative Vereinbarung geschlossen."

„Vereinbarung?"

„Ja, der Laden hatte keine Schankerlaubnis, aber die Freier und die Mädels natürlich Durst. Der Gustav hat die Flaschen über die Straße getragen. 20 Mark hätte er für ein Fläschchen Bier kassiert, sagt man. Mitte der Neunziger gab es dann wohl Probleme mit den Aufenthaltsgenehmigungen des Personals. Das Ordnungsamt hatte ein Auge drauf. Der Laden wurde mehrmals geschlossen. ‚Und wenn auch noch das Finanzamt was von Ihren Lieferungen spitzkriegt', so soll ihn sein Steuerberater gemahnt haben, ‚dann gute Nacht, Herr Kleinmann.' Und da wird der Gustav wohl kalte Füße bekommen haben und hat sich selbst beim Finanzamt angezeigt. 125 000 Mark soll er nachgezahlt haben. Das war alles, was seine Mutter und er hatten."

„Und mit einem Mal waren alle Ersparnisse futsch."

„Alle. Der Enkel hat dann versucht, neue Ideen reinzubringen und den Laden zu einem Football-Treffpunkt in Köln zu machen. Die Oma mochte zwar die starken Jungs, aber Ralf konnte seine Ideen trotzdem nicht so umsetzen, wie er wollte. Spareribs und Taccos kannte seine Großmutter nicht. Von der Zubereitung ganz abgesehen."

„Da passte nicht mehr viel zusammen, oder?"

„Ralf hat für sich hier keine echte Zukunft gesehen. Ganz einfach. Und er hat gesehen, dass das Lebenswerk seiner Oma gefährdet war, und hat nach einem Nachfolger gesucht."

„Das warst du."

„Mir war schon klar, was wir hier für ein Erbe antreten. Ich habe aber auch die Möglichkeiten gesehen. Außerdem kannte ich den Laden schon länger."

„Und jetzt seit ihr schon über 11 Jahre hier drin. Führt die lange Tradition fort. Habt äußerlich nix verändert. Der Laden brummt wieder…"

„Der Laden war Kult schon zu Oma Kleinmanns Zeiten. Diesen Spirit haben wir rübergerettet, das ist uns gelungen, glaube ich."

„Den Geist."

„Klar, der ist hier überall in den Wänden. Den spürst du aber nur, wenn du dafür eine Antenne hast."

„Der gute Geist der Omma, gefällt mir. Hallo! Oma Kleinmann! – Weißt du, Olaf, was ich mir gerade überlegt habe? Wenn ich eines Tages mal in den Himmel komme, werden Oma Kleinmann und ich uns treffen, in den Arm nehmen und sagen: Jetzt machen wir hier zusammen genau so einen Laden auf. Wie findest du das?"

„Schöner Gedanke, Horst. Aber bitte noch ein paar Jährchen damit warten. Nicht, dass ihr mir von oben Konkurrenz macht. Denk an meine Familie, die vielen Studenten und alle, die hier unten davon leben …"

Einem Laden, dem die Seele fehlt, kann man keine einpflanzen. Seele liegt in den Genen. Ja, es ist so: Du musst der geborene Gastwirt sein. Das gilt auch im 21. Jahrhundert. Und das heißt: Du musst mit Menschen können.

Zwischenmahlzeit in sechs Gängen

EIN AUSFLUG IN DIE STERNEKÜCHE

Ich erzähle in meinem Buch von zehn Gasthäusern, die ich für euch besucht habe. Bei meinen Treffen mit den Menschen, die diese Betriebe führen, ist mir jedes Mal klar geworden, warum ich mich da so wohl gefühlt habe: Das war einfach wie zuhause ankommen. Du kannst sein, wie du bist, musst dich nicht verstellen. Wer schon einmal in einem Sternetempel war, weiß, wovon ich rede. Wer sich nicht mehr erinnern kann, für den habe ich hier sechs Erlebnisse aus der Sterneküche eingefügt. Quasi als Zutat, für die ihr nix tun müsst. Ihr könnt ganz bequem auf dem Sofa sitzen bleiben und meine Storys aus der Welt der gekrönten Küchenhäupter genüsslich nacherleben.

Es folgt zunächst der Gruß aus der Küche, danach die Vorspeise, dann das Zwischengericht, es folgen Haupt-gericht und Dessert, und am Ende kommt die Rechnung. Lasst es euch schmecken!

Der Gruß aus der Küche

AMÜSIERTEILCHEN ODER:
DER KÜCHENCHEF LÄSST WARTEN

Wenn sich die Nacht langsam über den Tag legt, ist die Stunde der Sterne gekommen. Es wird dunkel im Land und still und andächtig. Mancherorts werden Kerzen angezündet, dicke, schwere schwarze Bücher hervorgeholt, goldene Kelche poliert. Drumherum haben sich Menschen versammelt, haben zuvor um Einlass gebeten, und einige sind erhört worden.

Drinnen im hohen Haus haben sie Platz genommen, und die wenigen, die jetzt noch sprechen, reden im Flüsterton. Die anderen, die schon vor Ehrfurcht verstummt sind, warten gebannt auf den Angebeteten.

Nein, wir sind nicht, wie man denken könnte, in einer Kirche. Wir sind in einem Sternetempel; in den heiligen Hallen eines Künstlers, eines sternegekrönten Hauptes. Ja, wir sind in einem Sternelokal, in dem wir heute die höheren Weihen der Hochküche empfangen sollen. Wir gehören zu einem auserwählten Kreis zahlender Personen, die auf den großen Küchenchef warten, auf diese strahlende Figur in der jungfräulich weißen Kutte. Es ist der Maître de cuisine, der uns, den andächtig Wartenden, die multisensorische Erleuchtung bringen soll.

Zunächst aber bringen uns piekfein herausgeputzte, auf Pinguin getrimmte Jünglinge, nein, nicht die Vorspeise, sondern Wasser und Brot an unseren Tisch. Der Maître lässt uns noch warten, und er lässt uns darben. Wir nehmen es mit Demut hin, schließlich haben nicht wenige von uns Wochen, manche sogar Monate warten müssen, um vom Manna des Herrn Küchenchefs kosten zu dürfen.

Während wir das Brot brechen, vom Wasser trinken und vom Wein träumen, öffnet sich die Tür, die zur Küche führt.

Heraus kommt, nein, nicht der Meister persönlich, es kommt nur einer dieser piekfeinen Pinguine mit etwas, das er weihevoll vor sich herträgt. Das Etwas ist kein Teller, aber es fährt herab, und der Jüngling platziert – ja, tatsächlich, ein Stück Baumrinde als Tellerersatz an den Platz, der normalerweise für den Teller gedacht ist. Auf dem tellergroßen Stück Rinde direkt vor uns entdecken wir drei winzige Amüsierteilchen. Der Pinguin verkauft sie uns als Amuse-Bouches, als Appetithäppchen. Wir, die Wartenden, Dürstenden, nach multi-sensorischer Erleuchtung Darbenden, haben aber nicht nur ein bisschen Appetit, wir haben Mega-Hunger, und der Maître de cuisine hat nichts Besseres zu tun, als uns Grüße ausrichten zu lassen, Grüße aus der Küche.

„Der Gruß aus der Küche, das Amuse-Bouche", näselt der Pinguin. „Von links. Da haben wir eine Stopfleber im Cola-Mantel, daneben gekochter Torf in Rauch und rechts die Kabeljauleber mit Milchhaut-Chips."

Er wünscht uns keinen guten Appetit, was mich nicht wundert, aber er wünscht uns viel Spaß. Dabei sehen wir in seinem Gesicht zum ersten Mal eine Art Lächeln, das sich im Abgang aber auch als Grinsen deuten ließe.

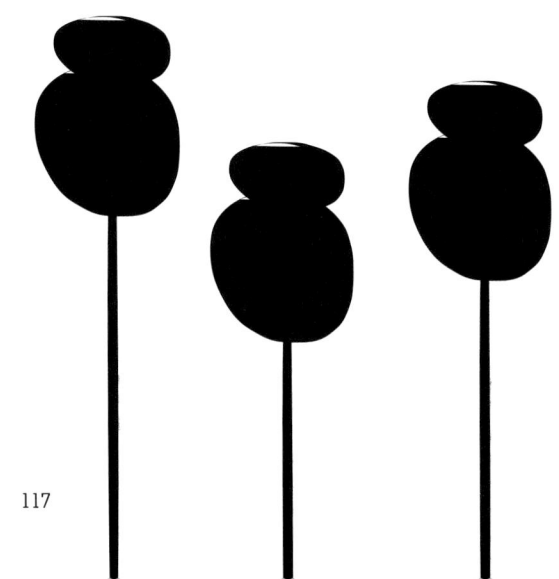

1. Gang: **Die Vorspeise**

SÜPPCHEN IM LÖFFELCHEN ODER:
DAS FÄNGT JA GUT AN

Menschen, die ein Sternelokal besuchen, lassen sich wirklich alles vorsetzen. Zum Beispiel wunderschöne große Teller. Da steht dieser wunderschöne große Teller vor dir, reines, fast unberührtes Weiß. Ein Weiß, dessen sanfter Glanz nahezu unmerklich unterbrochen wird durch ein kaum wahrnehmbares Etwas, das, ungefähr in der Mitte platziert, aus dem weißen Teller mit nix drauf einen weißen Teller mit fast nix drauf macht. Das ist Kunst – denken wir. Tatsächlich ist es laut unserem piekfeinen Pinguin ein Entrée. Das Entrée seinerseits ist eine Idee von einem Süppchen, das in einem Teelöffelchen mit eingerolltem Stiel Platz gefunden hat. Das Süppchen hat sich seinerseits ganz ungeniert im Teelöffelchen breit gemacht.

Warum nur, fragen wir uns, hat das Teelöffelchen seinen Stiel derart gekrümmt? Mag es diese Suppe vielleicht nicht? Oder mag es generell keine Suppe? Oder hält es das Teelöffelchen schlicht für den Stil des Hauses, der vorgibt, dass es sich einzurollen hat? Was weiß ich. Möglich ist auch, dass das Löffelchen sein Stielchen kurz vor dem Servieren vor lauter Scham einrollt, dass es sich so noch kleiner machen möchte, als es ohnehin schon ist. Ist es dem Teelöffelchen etwa peinlich, seinen Kopf für etwas derart verschwindend Kleines hinhalten zu müssen, das sich großkotzig „Entrée" beziehungsweise der „1. Gang" nennt?

In einen normalen Teelöffel passen gerade mal 2,5 Milliliter Flüssigkeit. Nicht weniger, aber auch nicht mehr. Weiß dieser Löffelverdreher in der Küche das nicht? Warum sagt ihm das dann keiner? Oder ist er sich schlicht zu fein, der Herr Küchenchef, um zu einem ordinären Suppenlöffel zu greifen, um uns sein sensationelles Süppchen zu kredenzen?

Verdammt. Er hätte uns mit immerhin 7,5 Milliliter seiner Suppenkreation an den Rand der ersten Sättigung bringen können. Stattdessen bringt er uns ein Teelöffelchen von seinem Süppchen und damit an den Rand des Wahnsinns.

Wir haben Hunger, und wir haben verdammt noch mal lange dafür gespart, um es uns hier in dem Sterne-Schuppen mal richtig gut gehen zu lassen. Wir haben ein Recht darauf. Wir haben es uns schließlich hart verdient. Und wir haben es uns vom Munde abgespart. Wochenlang haben wir zuhause statt Fleisch nur Suppe gelöffelt. Und jetzt kommt uns dieser Suppenkasper mit einem Süppchen im Teelöffelchen, und wir sollen auslöffeln, was er da angerichtet hat.

2. Gang: **Das Zwischengericht**

ONTREMÄTZCHEN ODER:
KALT ERWISCHT

Weiß jeder: Die Crème de la Crème der Köche kommt aus Frankreich. Wer etwas auf sich hält, kocht französisch. Da wundert es nicht, dass sich die Franzosen-Küche in der ganzen Kochwelt breitgemacht hat. Und nicht nur das. Auch die französische Küchensprache begegnet uns öfter, als uns lieb ist, auch beim Zwischengericht. Der Pinguin bringt es an unseren Tisch und plappert einen Satz, wie er von Louis de Funès stammen könnte; unglaublich schnell und unglaublich französisch.

Wer wie ich nur „oui", „non" und „merci" kann, lässt sich rasch noch mal die Speisekarte kommen, denn ganz sicher bist du nicht, ob du das wirklich bestellt hast. Die Karte kommt, der Pinguin deutet auf ein Wort: „Entremets" und übersetzt ungefragt mit „Kleines Zwischengericht".

Dann sitzt du da mit der Speisekarte, die aufgeschlagen so groß ist wie die „Frankfurter Allgemeine Sonntagszeitung". Du ahnst auch, dass hinter der anderen Speisekarte, die dir den Blick auf deinen Schatz versperrt, ein ratloser Kopf stecken muss.

Während es dir unmöglich ist, dein Gegenüber zu sehen, starrst du stumm vor dich hin und liest Wörter und Sätze, die sensationell klingen, aber keine Sau versteht. Es beschleicht dich das Gefühl, dass du es mit einer Art Küchensprache zu tun hast, einem Fachjargon, der dazu missbraucht wird, arrogante Distanz aufzubauen. Du schaust zum arrogant distanzierten Pinguin, nickst, lächelst, er nimmt die Karten, und du bist heilfroh, deine Liebste wieder zu sehen.

Das Ontremätzchen steht nun vor dir. Irgendwo hinter dir steht der Pinguin. Du kannst ihn nicht sehen, aber du spürst ihn. Du wünschst deinem Schatz einen guten Appetit. Dein Schatz kramt in der Handtasche und holt ein kleines Büchlein raus. Selbst ist die Frau und vorbereitet. Respekt! Das Büchlein entpuppt sich als echtes Helferlein, es ist ein kulinarischer Sprachführer, ein Essdolmetscher. Als ungelernter Gourmet braucht man so was.

Sie liest vor: „Man hat Ihnen ein Buch mit sieben Siegeln in die Hand gedrückt? Es wird sich dabei um die Speisekarte handeln."

„Bitte, Liebste, konsultiere mal die Wörterliste", sage ich (die Umgebung hat schon auf meine Wortwahl abgefärbt), „irgendwas wie ,Wischiswas' wars, aber mit V."

Sie: „Hier: Vichyssoise ist eine kalte gebundene Gemüsesuppe mit den Hauptzutaten Lauch, Kartoffeln und Sahne, die auch warm schmeckt."

Eine Gemüsesuppe, kalt. Stattdessen „Wischiswas". Warum reden die drumherum – um die kalte Gemüsesuppe? Haben die was zu verbergen? Warum immer diese Übertreibungen? Und warum nicht warm? Oder wissen die, dass mein Französisch miserabel ist, und nutzen das schamlos aus? Eine kalte Kartoffel-Crèmesuppe klingt auf Deutsch natürlich wie eine kalte Kartoffel-Crèmesuppe, auf Französisch dagegen sensationell. Ich bin ja nicht blöd. Aber ein gutbürgerliches Gericht für dreißig Euro? Wer soll das denn schlucken?

Dass ich ordentlich Sahne und frische Kräuter liebe, ist bekannt. Aber was ich nicht haben kann, sind Mätzchen nach dem Koch-Rezept: Gib dem Wenigen auf dem Teller einen französischen Namen, dann holst du mehr raus.

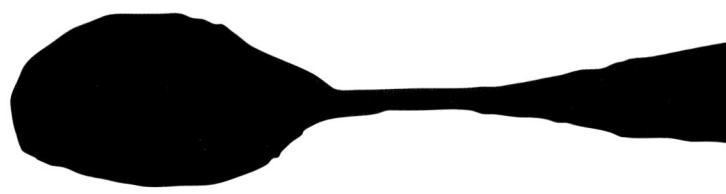

3. Gang: **Das Hauptgericht**

Ich bin Koch, aber ich bin auch Bauchredner. Ja, wirklich. Wussten Sie nicht? Ich frage meinen Bauch, und ich höre auf meinen Bauch, was er mir zu sagen hat. Ja, wir reden miteinander – mein Bauch und ich. Gerade wenn es ums Kochen geht. Was mir mein Bauch zum Beispiel immer wieder sagt ist:

Horst, Essen muss wie Essen aussehen. Ist doch toll, sagt mir mein Bauch, wenn ein schönes Stück Fleisch sich auf dem Teller eindeutig als Rinderbraten zu erkennen gibt. Wenn Kartöffelchen auch nach dem Kochen oder Braten noch wie goldgelbe, leckere Kartöffelchen aussehen. Wenn Rotkohl auch nach der Zubereitung noch das Gemüse ist, das du vorher eindeutig als Rotkohl erkannt hattest. Ja, wunderbar, sage ich dann zu meinem Bauch. Kochen kann so einfach und Essen so lecker sein, wenn man nur auf seinen Bauch hört.

Sie glauben, das versteht sich von selbst? Sie glauben ja gar nicht, wie viele Köche heute ohne Bauch kochen. Vielleicht haben diese Köche vergessen, dass sie einen Bauch haben, oder sie haben kein Ohr für ihren Bauch und hören einfach nicht, was ihnen ihr Bauch zu sagen hätte.

Stattdessen lesen sie lieber in Chemiebüchern. In ihrer Versuchsküche experimentieren sie mit Formeln, statt es mit Kräutern zu versuchen. Statt mit Töpfen und Pfannen hantieren sie mit Reagenzgläsern, Spritzen, Pipetten und Siphons. Was dabei rauskommt? Ja, das frage ich mich auch.

Es ist grauenhaft. Man kann es mit Worten kaum beschreiben. Es ist so grausam. Es wurde bis zur Unkenntlichkeit verstümmelt, aufgelöst, atomisiert, es ist furchtbar hässlich, und es ist furchtbar teuer. Es ist: die Hauptspeise. Jedenfalls nennt es unser piekfeiner Pinguin so.

Für das, was er uns jetzt an den Tisch bringt, hat der große Chef mit seinen Jüngern tagelang in seiner Molekularküche gestanden und experimentiert. Mit einem schönen Stück Rindfleisch waren die Götter in Weiß in ihrer Versuchsküche verschwunden. Mit einem Puma in Weiß sind sie schließlich wieder herausgekommen. Mit einem Espuma, um genau zu sein, einem weißen Schäumchen in molekularklein.

Wie konnte das passieren? Zunächst haben sie das schöne Stück Rindfleisch kleingeschnitten, dann gequirlt, bis es flüssig wurde. Das flüssige Fleisch haben sie dann mittel seiner mit Lachgas gefüllten Kapsel in einem Sahnesiphon aufgeschäumt. Stellt euch das mal vor: mit Lachgas. Ich frage mich: Wie kommt einer da nur drauf, Lachgas in einen Sahnesiphon zu füllen? Und vor allem: Wie hat der das da reinbekommen?

Der muss sich doch totgelacht haben dabei. Oder, nein, er war mit einem unglaublichen Ernst bei der Sache und hat sich schon mal ausgerechnet, wieviel Rindsschäumchen er aus einem Sahnesiphon rauskriegt, die er dann für teuer Geld an seine Gäste verticken kann. Spätestens da hat er sich auf jeden Fall kaputtgelacht.

Aber egal. Während seine Jünger den Rotkohl geliert und die Kartöffelchen zunächst verflüssigt haben, um dann die Soße und die Fließkartöffelchen mit Hilfe von Emulgatoren zuerst zu verbinden, um beides zusammen mit Bindemittel wieder in eine kartoffelähnliche Form zu bringen, hat der Molekularmaître überlegt, wie er das Albträumchen von einem Schäumchen nennen könnte. Schließlich musste das Rind ja einen Namen haben.

Ich hatte es mir vom Pinguin aufschreiben lassen, ich weiß noch, es war französisch, weil ich französisch nicht kann. Dann hab ich den Zettel verlegt, aber ich hab ja zum Glück meinen Bauch und den einfach gefragt. Es hieß, sagte er, „la vache qui rit dans la siphon de la crème". Übersetzt heißt das, glaube ich: Lächerlicher Rinderbraten, verschandelt, pardon, verwandelt in Schaum.

4. Gang: **Der Nachtisch**

HINTERHERCHEN ODER:
SPEISEN BILDET

Je weiter der Abend unter dem strahlenden Licht der Küchensterne fortschreitet, umso mehr wird für uns Speisende deutlich, dass der Besuch im Sternelokal auch einen ganz praktischen Zweitnutzen hat. Man spricht heute vom sogenannten Mehrwert. Das hat nichts mit der Mehrwertsteuer zu tun. Aber indirekt auch was mit Geld.

Man kann durchaus sagen, dass dich der Abend nicht nur kostet, er bringt dir auch was. Ohne vorher davon gewusst zu haben, nimmst du nämlich an einer Art Französisch-Vokabel-Test teil. Du lernst zum Beispiel, dass Michelin nicht nur eine Reifenmarke ist. Du erfährst, dass Brigade zwar ein Militärbegriff ist, der aus dem Französischen stammt, und dass man die Mitarbeiter in der Küche „brigade de cuisine" nennt, das Ganze aber nichts mit der bekannten „Küchenschlacht" zu tun hat.

Ja, du tust wirklich was für deine Allgemeinbildung. Du lernst ganz nebenbei beim Essen nach Feierabend und nach dem Motto: Speisen bildet. Du lernst zum Beispiel auch den Unterschied zwischen Dessert und Desert kennen. Das Erste ist französisch, das Zweite kann man nicht essen. Wie wir sehen: Nach dem Besuch im Sternelokal haben wir nicht nur wenig gegessen, wir sind auch viel schlauer.

Uns interessiert jetzt aber nicht der Mehrwert, uns interessieren jetzt erst mal die äußeren und inneren Werte unserer Nachspeise: Süß das Ding! Süß finden wir, weil es so putzig ist, so klein. Dabei haben wir noch nicht mal reingebissen. Wir zögern noch. Die Sache will gut überlegt sein. Spontan geht nicht. Wir haben ja nur eine einzige Chance. Eine. Weil es alleine ist auf dem Teller, und dazu noch so klein. Es wäre mit einem einzigen Schmatzer weg.

Wir brauchen einen Plan. Am besten erstmal genüsslich betrachten. Nach einer Minute kommen wir zu einem ernüchternden Ergebnis: Es ist ein Windbeutel, aber in XXS.

Mein Schatz, der zuhause supertolle Nachspeisen macht, weiß ohne Blick in den Essdolmetscher, wie das Windbeutelchen auf Französisch heißt: Profiteroles. Dann schlägt sie aber doch noch schnell nach:

„Ist französisch. Bedeutet ‚kleiner Gewinn, kleines Geschenk'."

Ach, wirklich. Ich dachte Profiteroles heißen Profiteroles wegen des Profits, den man mit ihnen machen kann. Wareneinsatz minimal. Körpereinsatz minimal. Gewinn maximal.

Die Rechnung

Wenn du in ein Sternelokal gehst, weißt du zwei Dinge nicht: Du weißt nicht, ob es dir schmecken wird. Und du weißt nicht, ob du satt wirst. Was du aber ganz sicher weißt, ist, dass es teuer wird.

Während du hoffst, dass es dir schmecken könnte, und betest, dass du das Sternelokal am Ende des Abends bitte nicht mit einem Mordshunger verlassen musst, ersparst du dir komplett, auch nur einen Gedanken an die Kosten zu verschwenden, die mit diesem sensationellen Vergnügen deines Besuchs im Sternelokal verbunden sein könnten. Lieber fühlst du dich großartig wie schon lange nicht mehr. Spätestens beim Betreten des Sternetempels bist du so erfüllt von Glück und so voller Erwartungen, dass weder in deinem Bauch noch in deinem Kopf Platz ist für so etwas Banales wie: die Rechnung.

„Die Rechnung, bitte." Es sind jene drei Worte, obwohl von dir selbst ausgesprochen, die dich an diesem Abend zum ersten Mal so richtig erschaudern lassen. Du hast alles überstanden: Die beleidigte Leberwurst von einem Kellner. Das lange Warten bei Brot und Wasser. Die Dschungelprüfung „Gekochter Torf in Rauch". Die Gemüse-Kartoffel-Crémesuppe, die man dir eiskalt als „Wischiswas" auftischte. Das Rindvieh von einem Molekularschäumchen – beziehungsweise das Molekularschäumchen von einem Rindvieh. Und auch das Hinterherchen hast du mit einem einzigen, kühnen Schmatzer weggeputzt.

Aber dann kommt es, dieses Kästchen, getragen von einem dieser Pinguine kommt es immer näher. Es ist das Kästchen, in dem das Grauen liegt: ein Stückchen Papier. Ein unscheinbares Blatt.

Der Pinguin stellt es vor dich hin und – geht. Jetzt bist du allein, nur du und das Kästchen. Dein Schatzi ist mal eben für kleine Mädchen. Horst, sagst du zu dir, du musst auch müssen. Bezahlen nämlich. Aber – du lässt dir noch Zeit. Genießt die restlichen Sekunden eines unbeschwerten Lebens. Dann schaust du dich noch ein letztes Mal um, die Luft ist rein, kein Pinguin schaut dir auf die Finger. Du tastest dich heran. Du weißt: Es gibt Dinge, die ein Mann alleine tun muss. Das ist Gesetz. Und, ja, du öffnest den Deckel. Und da ist es: ein säuberlich gefaltetes Stück Papier. Du weißt, es wird ein Stück Papier sein, das es in sich hat, mit gesalzenen Preisen drauf. Ja, es ist der absolute Höhepunkt dieses Abends. Du überfliegst die Positionen. Dein Blick streift Worte, Buchstaben und Zahlen.

Du willst es gar nicht sehen. Und jetzt wird dir klar, dass die das nicht offen durch den Raum tragen konnten. Dann bist du auch schon beim dicken Ende vom dicken Endchen angelangt.

Du denkst kurz, der Maître hätte dir ganz unten auf den Zettel seine Telefonnummer aufgeschrieben. Schlucken, Puls, Blutdruck. Das musst du jetzt erst mal verdauen. Nein, das ist keine Telefonnummer. Es ist ein Preis von gastronomischem Ausmaß. Plötzlich fühlst du dich ganz schlecht. Du möchtest schrumpfen und am liebsten in einem Loch im Boden verschwinden. In ein Mauseloch von einem Loch.

So klein. Du fühlst dich jetzt wie der kleine Mann. Der kleine Mann, der am Ende eben immer zahlen muss. Mann, bist du froh, dass du nicht acht Gänge bestellt hast.

EINFACH EIN GEDICHT

Friedrich von Schiller
BIETIGHEIM-BISSINGEN

Burkhard Schork – der Mann ist eine Komposition aus Küche und Literatur. Hausschlachtung und Hauslesung sind für ihn kein Widerspruch. Seinen Gästen bietet der Metzgermeister neben dem Restaurantbesuch auch hin und wieder an, eine Hausschlachtung mitzuerleben und so in den Genuss einer frisch zubereiteten Schlachtschüssel zu kommen. Oder es finden Lesungen im Schiller statt. Schork liebt die Tradition, die Heimat, Bücher und das Kochen. Das möchte er vermitteln. Und er will, dass jeder Gast bei ihm wahre Gastfreundschaft erlebt.

Respekt! Der Laden heißt „Friedrich von Schiller" – das muss ich erst mal geistig verarbeiten. Schiller! Einer der Giganten unter den deutschen Dichtern und Denkern. Die ewige Nummer zwei ganz dicht hinter Goethe. Also so eine Art Borussia Dortmund in der Liga der deutschen Geistesgrößen.

Der Laden soll ja zu Schillers Lebzeiten sogar ein geheimer Treffpunkt für Freidenker und Obrigkeitsschimpfer gewesen sein. Rein kam man nur, wenn man dazugehörte und die Parole kannte.

Parole sagt heute kein Mensch mehr. Heutzutage heißt das ja Passwort. Aber egal, ich komm hier heute so rein, das weiß ich. Ich bin nämlich mit Burkhard verabredet. Burkhard Schork ist Küchenchef und Patron im Schiller und ein großer Schillerfan. Er hat sogar ein literarisches Kochbuch darüber verfasst: „Mit Schiller zu Tisch".

Burkhard erwartet mich offensichtlich schon. Er steht in der Tür. Von seiner schneeweißen Kochjacke, die das Sonnenlicht reflektiert, bin ich fast geblendet. Er begrüßt mich mit einem festen Händedruck und einem sanften Lächeln.

„Hallo Burkhard, Parole Lichter …", sage ich.

Jetzt lacht er: „Komm rein, Horst. Wie ich feststelle, hast du dich über das Haus schon informiert. Aber wir sind ja heute kein Geheimtreff mehr. Auch nicht mehr für Menschen, die gerne essen. Man kennt uns hier."

An diesem schönen Frühlingstag meint die Sonne es wirklich gut mit uns. Burkhard führt mich durch das Restaurant auf die kleine Terrasse. „Gemütlich", sage ich beim Durchgehen. „Hier möchte man sich gleich hinsetzen."

„Es heißt bei uns ja auch gute Stube. Aber wir gehen raus, oder? Die Sonne scheint …"

Auf der Terrasse versorgt er mich zunächst mal mit Kaffee. Den brauch ich jetzt aber auch.

„So, Burkhard, jetzt sitzt du hier mit Lichter zu Tisch und nicht mit Schiller – dein Buch – wieso heißt das ,Mit Schiller zu Tisch'? Hat der wie ich also auch noch gekocht?"

„Gute Frage. Nein, ich kann nicht sagen, ob Schiller jemals einen Kochlöffel in der Hand hatte. Es geht mir auch nicht um Rezepte à la Schiller, sondern

Burkhard Schork: „Nein, ich kann nicht sagen, ob Schiller jemals einen Kochlöffel in der Hand hatte. Es geht mir um etwas anderes. Ich wollte Kulinarisches und Literarisches zusammenbringen und damit Leute an den Tisch locken, die gerne mit anderen Menschen gemeinsam an einer schön eingedeckten Tafel sitzen, gut essen, trinken, sich gut unterhalten."

um etwas anderes. Ich wollte Kulinarisches und Literarisches zusammenbringen und damit Leute an den Tisch locken, die gerne mit anderen Menschen gemeinsam an einer schön eingedeckten Tafel sitzen, gut essen, trinken, sich gut unterhalten, sich austauschen – über Ideen, Ideale, auch über schillersches Gedankengut. Das war meine Grundidee."

„Dein Buch ist also als Anregung zum Denken und Reden gedacht. Zum Nachdenken über Literatur und Essen im Allgemeinen und Gott und die Welt im Besonderen."

„Ja und nein. Das Essen schafft sozusagen den Anlass, dass man an einem Ort zusammenkommt und redet und diskutiert. Essen als soziales Gemeinschaftserlebnis in freundschaftlicher und gastfreundschaftlicher Atmosphäre."

„Weißt du, Burkhard, und genau deshalb bin ich bei dir. Weil ich ein Buch mache, in dem ich Menschen und ihre Gasthäuser versammle, die genauso ticken, wie du es gerade beschrieben hast. Ich muss ein bisschen ausholen, um dir das kurz zu erklären: Ich verbringe im Jahr unglaublich viele Nächte in Hotels, weil ich fürs Fernsehen, für mein Bühnenprogramm und alles Mögliche unterwegs bin. Es gibt kaum mal einen Ort, wo ich sagen würde: Geil! Hier fühlst du dich so richtig wie zuhause. Hier möchtest du am liebsten für länger bleiben. Wo die Gastgeber so unglaublich nett und sympathisch sind. Echte Menschen mit Herz. Kein antrainiertes Freundlichkeitsgedusel wie von einem Roboter: Guten Tag, hatten Sie eine angenehme Anreise? Ihren Personalausweis, bitte, danke. Möchten Sie heute Abend bei uns essen? Dürfen wir einen Tisch für Sie reservieren und so weiter …

Und genau an dem Punkt stellen sich mir die Nackenhaare hoch, also, wenn ich welche hätte. Jetzt muss ich auch noch hier essen, denke ich. Und ich weiß dann immer schon: Das Essen ist genauso aus der Retorte wie die megafreundliche Dame an der Rezeption. Alles fertig vorbereitet. Du brauchst nur noch heißes Wasser drüberzugießen. Eigentlich könnten die sich den Koch sparen. Convenience nennt man das auf Neudeutsch; vorgefertigte Lebensmittel aus der Industrie, die dem Koch die Arbeit erleichtern und den Betrieb effizienter machen sollen.

Dass im Gastrobereich heute immer mehr Convenience-Produkte einge-
setzt werden, ist bekannt. Beobachter gehen von einem Anteil von bis zu 80%
aus. Das reicht von der Fast-Food-Küche bis in die Spitzengastronomie. Mit
Kochen hat das fast nix mehr zu tun. Ja, und weil mich das so unglaublich aufregt, habe ich mich irgendwann gefragt, wo man die guten Gasthäuser wohl
noch finden könnte und ob es sie überhaupt noch gibt. Und da hab ich mich
entschlossen, ich such' die jetzt einfach mal und bin in Deutschland rumge-
fahren, um Menschen zu finden, die Gastronomie mit Herz und Verstand machen. Die mit Hingabe und Liebe kochen und mit der gleichen Hingabe und
Liebe ihre Gäste bewirten. Wo Essen kein Füllgut ist, nur um satt zu werden,
und Freundlichkeit nicht das Ergebnis eines einwöchigen Dienstleistungstrai-
nings, sondern schlichtweg echt, wie angeboren.

Und pass auf: Weil ich solche Plätze und solche Menschen tatsächlich gefunden habe, war mir bald klar: Horst, du musst ein Buch darüber machen.
Ein Buch, das man nicht wie einen Ess- oder Reiseführer liest, vielmehr als
ein Geschichtenbuch. Mit Geschichten über Menschen, Menschlichkeit und
alte Werte wie Freundlichkeit, Ehrlichkeit, Respekt und Interesse am Mitmen-
schen. Nicht, weil ich einer von gestern bin, der die Vergangenheit verklärt,
sondern einer, der mitten im Heute unterwegs ist und mit Sicherheit so denkt
und fühlt wie viele, die wie ich an der heutigen Gastronomie verdammt viel
zu kritisieren haben – Amen – so weit mein Vortrag."

Nachdem ich Burkhard doch länger als kurz erzählt hatte, um was es mir
in meinem Buch geht, habe ich erst mal die Klappe gehalten – was mir nicht
leichtfällt, wie ihr wisst. Ich habe ihn gefragt, wie er zu seinem Laden gekommen ist und überhaupt, wie er den Beruf des Gastronomen ergriffen hat.

Er überrascht mich. Er sagt, ich hätte ihm quasi das Stichwort gegeben. Er
sollte eigentlich katholischer Pfarrer werden. Und weil ich „Amen" gesagt
hatte, wäre er sofort wieder an dem Punkt seiner Erinnerung gewesen.

Der Seelsorger, sagt er, hat ja viel mit dem Beruf des Gastgebers zu tun. Ich
stimme ihm zu. Er hat Recht. Gäste, die sich gut aufgehoben fühlen, lassen
Nähe zu, ja, sie suchen sogar deine Nähe. Sie wollen über Privates sprechen,
sie wollen deine Freunde sein, mehr als einfach bloß Stammgäste.

Eins habe ich in vielen Jahren in der Gastronomie gelernt: Dort, wo der Wirt
ein guter Zuhörer ist, kehren die Leute gern ein.

Ein guter Gastronom und Hotelier, der fast immer auch ein erfolgreicher ist, verkauft eben nicht nur Essen, Trinken und ein Zimmer mit Frühstück. Bei ihm gibt es auch Wärme, Geborgenheit und Zuwendung – ganz ohne Aufpreis. Das geht bei ihm sozusagen aufs Haus. Für familiengeführte Betriebe und persönlich geführte Häuser ist das eigentlich die ideale Möglichkeit, sich von diesen quadratisch praktischen, pseudo-modernen, aber oft unterkühlten Systemwettbewerbern abzuheben.

„Jetzt musst du mir aber noch beichten, warum du dann doch kein Pfarrer geworden bist?"

„Also, erst mal, warum Pfarrer? Da spielte meine Mutter eine entscheidende Rolle, aber auch die ländlichen Strukturen, in denen ich aufgewachsen bin. Dadurch, dass meine Mutter relativ früh gestorben ist und ich Messdiener war, kam ich durch den örtlichen Pfarrer in ein bischöfliches Knabenseminar, ich bin dorthin eingewiesen worden, da war ich versorgt. Und so hatte es sich meine Mutter vor ihrem Tod gewünscht. Sie hätte es halt gerne gesehen, wenn es wenigstens einem ihrer sieben Kinder an nichts fehlen würde. So bin ich halt zunächst in diesen Lebensweg rein. Warum dann doch nicht Pfarrer, ist auch leicht erklärt. Ich lebte also in diesem Internat und wurde älter. Und je älter ich wurde, umso mehr habe ich gewisse Dogmen in Frage gestellt. Und für mich war dann ziemlich bald klar: Ich wollte nicht ehelos leben. Zölibat? Nein, danke. Ich bin dann aber dem Humanismus trotzdem treu geblieben, wenn auch nicht über die Theologie. Erhalten habe ich mir den Respekt vor jedem Menschen, jedem Lebewesen, vor jeder Kreatur. Den habe ich von dort mitgenommen."

„Und deshalb hast du dann Metzger gelernt? Habe ich gelesen. Hattest du da nie ein Problem mit?" – Ich wollte ihn natürlich ein bisschen kitzeln mit meiner Frage. Ist ja klar: Humanist und Metzger – wie passt das denn zusammen, fragt man sich?

Burkhard erzählt mir von einem Erlebnis aus seiner Jugend. Von einer Metzgerei mit Ladengeschäft. Immer wenn er dort vorbeiging und einer hätte die Tür aufgemacht, sei ein Schwall von guten Gerüchen herausgeströmt. So lecker! Eines Tages hätte er sich ein Herz gefasst und gefragt, ob er in der Metzgerei nicht einen Ferienjob machen könnte. Den hat er dann tatsächlich bekommen.

Und noch jemand sei ihm in die Quere gekommen: ein Nachbar, von Beruf Schlachter. Der war der Chef im Aschaffenburger Schlachthaus. Burkhard sei einfach auf ihn zugegangen. Und dann hätte er mit dem am Wochenende Hausschlachtungen gemacht.

Nun wurde es für mich aber doch kurios. Das musste er mir erklären: Ein Mensch in einem bischöflichen Knabenseminar, der auf dem Weg war, katholischer Pfarrer zu werden, interessiert sich plötzlich für Metzgerei und Schlachterei.

Er hätte das nie als problematisch empfunden. Für ihn sei beides Handwerk gewesen. Jedenfalls wäre es damals so gewesen. Die Tiere wurden betäubt und geschächtet. Das heißt, sie wurden mit einem einzigen großen Schnitt quer durch die Halsunterseite getötet. Dabei wurden die großen Blutgefäße, Luft- und Speiseröhre durchtrennt. Die Tiere bluteten aus. Da wäre nichts Industrielles, nichts automatisiert gewesen, alles ging von Hand. Die Tiere hätten keine langen Transportwege gehabt, kein Leiden im eigentlichen Sinne.

Mein lieber Scholli! Wenn man das so aus erster Quelle hört, ist man an dem Thema plötzlich ganz nah dran. Als Verbraucher sind wir davon heute ja ganz weit weg. Der ein oder andere von euch wird sicher wie ich 'ne Gänsehaut kriegen. Und jetzt könnte man natürlich wieder wunderbar schwarz-weiß malen. Auf der einen Seite die Fleischesser, auf der anderen die Vegetarier.

Meine Meinung dazu ist: Es gibt eigentlich keinen vernünftigen Grund, kein Fleisch zu essen. Nur sollte es in Maßen sein. Und das heißt: Ganz sicher nicht täglich. Dann können wir uns auch ein gutes Stück Fleisch leisten. Eines, das deutlich besser und teurer ist als die Billigware aus dem Supermarkt. Dann lernen wir Fleisch auch wieder mit Genuss zu essen und seinen Wert zu schätzen. Respekt vor dem Tier habe ich doch nur, wenn ich es als Individuum sehe und nicht als x-beliebiges Produkt, als einen anonymen Fleischlieferanten der industriellen Tierhaltung.

Heute kann sich eben jeder Fleisch leisten, weil es billig zu haben ist. Ist das wirklich gut? Das müssen wir uns immer mal wieder fragen und bewusst machen.

In früheren Zeiten war das doch ganz anders. Da gab es den Sonntagsbraten – wenn überhaupt. Bei uns zuhause war das zum Beispiel so: Mein Vater pflegte immer zu sagen: Beschwert euch nicht, wir haben doch alles. Bei uns kommt täglich Fleisch auf den Tisch, außer wochentags. – Und so gab es bei

Burkhard erzählt mir von einem Erlebnis aus seiner Jugend. Von einer Metzgerei mit Ladengeschäft. Immer, wenn er dort vorbeiging und einer hätte die Tür aufgemacht, sei ein Schwall von guten Gerüchen herausgeströmt. So lecker! Eines Tages hätte er sich ein Herz gefasst und gefragt, ob er in der Metzgerei nicht einen Ferienjob machen könnte.

uns nur sonntags einen Braten. Schweinebraten mit mittelbrauner Soße. Oder Rinderbraten mit dunkelbrauner Soße. Und Weihnachten sogar Rehrücken.

Mama war eine megagute Köchin. Papa hatte mit Küche nix am Hut. Wie die Männer damals eben so waren. Aber er hatte einen Kaninchenstall im Garten. Er hat die gezüchtet. Er hatte viele. Trotzdem entging mir nicht, wenn mal wieder eines fehlte. – Es hat lange gedauert, bis ich den Braten gerochen habe.

Jahre später, als ich meinen ersten TV-Auftritt hatte, habe ich meine Mutter nach all den genialen Bratenrezepten gefragt. Nach Schweinebraten, Rinderbraten, Rehrücken. Da hat meine Mutter aber gelacht und gesagt: „Horsti – das war doch alles nur Kaninchen."

Unfassbar! Nicht nur, dass ich das nie gemerkt hatte, ich musste auch feststellen: Mein Papa hatte mit Küche wohl doch was am Hut …

Wo wir gerade so schön beim Fleisch sind: Dass Burkhard Metzger gelernt hat, ist das eine. Er ist aber auch Jäger. Und er ist ein Verfechter der ganzheitlichen Tierverwertung. Er bringt auch immer wieder Innereien auf die Tische seines Restaurants.

„Sag mal, Burkhard, wie schaffst du es, deine Gäste zu missionieren, dass die Kutteln essen?"

„Als Fast-Priester liegt mir das Missionieren vielleicht im Blut", sagt er und lacht. „Aber es ist tatsächlich so. Viele meiner Gäste machen bei mir in der Tat eine Wandlung durch: vom Innereien-Verächter zum Kuttel-Junkie."

„Wie machst du die?"

„Die Kutteln oder die Wandlung?" Er lacht.

„Die Wandlung mit den Kutteln, Mann!"

„Also, auf zweierlei Arten: Einmal typisch schwäbisch. Saure Kutteln in Lemberger (badischer Rotwein), traditionell mit Bratkartoffeln oder italienisch nach Florentiner Art im Tomatensugo."

„Vielleicht musst du mal erklären, was Kutteln eigentlich sind."

„Wie gesagt: Innereien. Für gewöhnlich in Streifen geschnittene Pansen von Wiederkäuern. Von der Kuh etwa."

„Also Wiederkäuermagen …"

„Genau."

„Prima. Wo wir jetzt gerade schon zum Innersten vorgedrungen sind. Hast du eine, sagen wir, Botschaft, die du deinen Gästen mit deiner Art zu kochen mitgeben willst?"

„Kann ich dir sagen. Und weil andere es ja immer besser sagen können als man selbst, findest du auf meiner Website ein Zitat vom Philosophen Feuerbach. ‚Deine erste Pflicht ist, dich selbst glücklich zu machen. Bist du glücklich, so machst du auch andere glücklich.' Was ich damit ausdrücken möchte, ist einfach: Du solltest tun, was du tun möchtest. Und was du tust, musst du mit Herz, Lust und Leidenschaft tun. Dann empfindest du deine Arbeit gar nicht als Arbeit. Das ist es, was glücklich macht. Dein eigenes Glück ist dann die beste Voraussetzung, andere glücklich zu machen."

Da kann ich verdammt viel mit anfangen, denke ich bei mir. Und ich erzähle ihm spontan von meiner Arbeit. Megastress, aber schön. Glaubt keiner. Alle denken immer: Der muss ja völlig am Ende sein, so wie der durch die Fernsehlandschaft turnt. Dazu noch das Bühnenprogramm. Ständig auf Achse. Dazwischen wieder Termine für TV-Produktionen; Dreh hier, Dreh da und zwischendurch noch ein paar Interviews. Und dann ist er auch noch unter die Bücherschreiber gegangen. Wie packt der das alles?

Ja, es stimmt. Ich denke auch manchmal, dass mein Kalender einfach zu wenig Tage hat. Der könnte doppelt so dick sein. Was mich aber vor allem beschäftigt: Wie rasend schnell die Zeit bei der vielen Arbeit vergeht. Aber ich sage euch eins: Ich mache das richtig gerne. Trotz allem. Ich bin glücklich. Ich bin glücklich, weil ich das richtig gerne mache, was ich mache. Weil ich machen darf, was ich immer wollte. Und darum ist das für mich auch nichts Negatives. Ich habe keinen Stress damit.

Und ich habe gute Leute um mich herum. Im Business wie im Privatleben. Privat steht mein Schatz natürlich ganz oben. Bei der Arbeit gibt es eigentlich kein Oben und Unten. Da gibt es nur Menschen, die einen verdammt guten Job für mich machen. Und dafür bin ich dankbar.

„Und ich hab auch so eine eine Botschaft, Burkhard, wenn du sie hören willst: Ich will die Menschen einfach nur glücklich machen. Wie du. Punkt. Nicht mehr, aber auch nicht weniger. Und damit sind wir wieder im Hier und Jetzt und bei deinem Thema."

„Ich bin da ganz bei dir, Horst. Das ist eigentlich das Schönste an unserem Beruf, dass wir für andere da sein können. Im besten Fall können wir sie für ein paar unbeschwerte Stunden glücklich machen. Oder sagen wir: beglücken."

„Mal auf deine Küche geguckt, auf deine Art zu kochen …"

„Da habe ich eine ganz klare Motivation, Horst."

Burkhard Schork: „Was ich damit ausdrücken möchte, ist einfach: Du solltest tun, was du tun möchtest. Und was du tust, musst du mit Herz, Lust und Leidenschaft tun. Dann empfindest du deine Arbeit gar nicht als Arbeit. Das ist es, was glücklich macht. Dein eigenes Glück ist dann die beste Voraussetzung, andere glücklich zu machen."

Burkhard Schork: „Die regionale Küche liegt mir sehr am Herzen. Ich möchte die Menschen wieder für das Naheliegende begeistern. In unseren deutschen Regionen lassen sich ganz wunderbar typische Speisen und Getränke entdecken und probieren. All das Ursprüngliche, im wahrsten Wortsinn Urwüchsige, aus Land und Stadt kann man sich auf der Zunge zergehen lassen."

„Lass mal hören."

„Stichwort Jahreszeitenküche. Ich biete eine nach Angebot des Marktes und der Jahreszeit tagesfrische Küche. Die hat zwar einen mediterranen Touch, ist aber ganz nah am Ursprung, ganz und gar nicht abgehoben. Daneben finden unsere Gäste eine absolut bodenständige, schwäbische Regionalküche mit Zutaten von der eigenen Jagd. Die regionale Küche liegt mir sehr am Herzen. Ich möchte die Menschen wieder für das Naheliegende begeistern. In unseren deutschen Regionen lassen sich ganz wunderbar typische Speisen und Getränke entdecken und probieren. All das Ursprüngliche, im wahrsten Wortsinn Urwüchsige, aus Land und Stadt kann man sich auf der Zunge zergehen lassen. Und hier darf ich mir mal wieder Unterstützung aus der Literatur holen. Aber nicht von Schiller, sondern dessen Dichterfreund Goethe. Das geflügelte Wort kennt ja eigentlich jeder: ‚Warum in die Ferne schweifen? Sieh, das Gute liegt so nah.' Dieser berühmte Ausspruch ist eine Ableitung der Anfangsverse des Goethe-Vierzeilers ‚Erinnerung':

Willst du immer weiter schweifen?
Sieh, das Gute liegt so nah.
Lerne nur das Glück ergreifen,
denn das Glück ist immer da."

Respekt! So langsam fühle ich mich wie beim „Literarischen Quartett". Nur dass wir hier nicht zu viert sitzen, sondern als Duett. Aber egal. Von dem Mann kann man noch was lernen. Außerdem hat er ja Recht mit dem Regionalen. Wir reisen heute in die letzten Winkel der Erde. Dabei kennen wir uns nicht mal richtig in unserer unmittelbaren Umgebung aus. Aber da ist im Moment, glaube ich, auch eine Änderung im Gange. Mehr und mehr Menschen beginnen, das Naheliegende wieder zu schätzen. Kann ja sein, dass sie die Nase so langsam voll haben von Mallorca, Phuket, der Adria und was weiß ich.

„Um zu der Erkenntnis zu kommen, dass auch die Heimat schön sein kann, musst du aber auch mal den eigenen Kiez verlassen haben. Wie der olle Goethe, der nach Italien gereist ist."

„In meinem Fall musste ich das eigene Revier verlassen, um im Bild des Jägers zu bleiben. Aber, ja, stimmt, Horst. Nachdem ich in Aschaffenburg meinen Metzgermeister gemacht hatte, bin ich zu Jörg Müller in die Schweizer Stuben. Danach habe ich eine Ausbildung zum Koch gemacht. Dann kamen Volontariate bei Stucki in Basel und bei George Blanc in Vonnas. Noch weitere

Jahre bin ich auf kulinarische Entdeckungsreise gegangen und habe bei diversen Sterneköchen im In- und Ausland als Souschef gearbeitet. 1988 habe ich die Küchenmeisterprüfung abgelegt und mich als Patron des Schiller selbstständig gemacht. 2008 habe ich dann noch mal als Volontär beim berühmten Alain Ducasse in Paris Erfahrungen gesammelt."

Burkhard ist für mich ein Phänomen. Er verbindet das Feingeistige, die Literatur und Philosophie mit dem Rohen der Jagd und des Metzgerhandwerks. Und das klingt für mich auch alles stimmig. Auch sein Ansatz, was die Küche betrifft, stimmt auf den Punkt. Regional gehört die Zukunft. Da ist er sich sicher. Gefragt sind und werden sein: frische, regionale und saisonale Spezialitäten auf der Speisenkarte. Und mit dieser Meinung steht er nicht alleine da. Sogar der „Gault Millau" schrieb vor kurzem: „Die Küche der Zukunft ist urwüchsig, pur, gesund und traditionsbewusst."

Auch die Zutaten, die man aus Burkhards Persönlichkeit herausschmeckt, wenn man ein paar Stunden mit ihm verbracht hat, und die ihm diese bestimmte geerdete und doch gehobene Art verleihen, sind für mich eindeutig: Heimatverbundenheit, Geradlinigkeit, Ehrlichkeit. Da hat er seinen festen Platz. Und das ist gut. Denn Bodenständigkeit muss ja nicht das Aus der Freiheit bedeuten.

Aus seinem Mund kommen daher Sätze wie: „Nur wer mit beiden Beinen fest auf dem Boden steht, kann nach den Sternen greifen." Genau das ist Burkhard Schork.

Mir liegt es auf der Zunge zu sagen: Der Mann ist ein Gedicht. Aber ich sag es mal lieber nicht. Er soll ja nicht abheben.

AUSGEZEICHNET MIT DREI NUDELN

Hirschen

BRITZINGEN

Alte Wirtshausnamen sind viel weniger vom Aussterben bedroht als die Tiere, die ihnen den Namen gaben. Der Adler, der Bär, der Hirsch – alles Gasthausnamen, die es heute noch zahlreich gibt. Gasthäuser zum Hirschen etwa sind sehr oft im Südwesten Deutschlands zu finden. Da kann es leicht zu Verwechslungen kommen. Außer du hältst dich an die Menschen, die den Laden führen. Wie an Papa Schumacher zum Beispiel, den Senior vom Gasthaus Hirschen in Britzingen. Der strahlt eine solche Herzlichkeit aus, wie du sie kein zweites Mal findest.

Jeden Samstagmittag betritt ein älterer Herr den Hirschen in Britzingen. Es ist Schlag zwölf, und der ältere Herr hat Appetit. Gekocht oder nicht gekocht, er will seine Suppe essen, die er samstags immer dort isst. Natürlich ist die Küche bereits bestens vorbereitet, die Suppe gekocht und der Küchenchef voller Erwartung auf diesen Gast. Selbstverständlich (oder wie sie hier im Schwarzwald sagen: freilich) ist der ältere Herr längst nicht der einzige Gast um diese Uhrzeit, an diesem Tag, aber eben ein ganz besonderer. Er ist der mit der Suppe, der, so sicher wie das 12-Uhr-Läuten der Britzinger St. Johannes Kirche erklingt, jeden Samstag im Gasthaus Zum Hirschen erscheint.

Wer jetzt denkt, der Lichter spinnt, dass er diese Geschichte erzählt, liegt falsch. Ein alter Mann in einem Gasthaus, der jeden Samstag um die gleiche Zeit dort seine Suppe schlürft – nix Besonderes? Wer noch nie um die besagte Uhrzeit am Nachbartisch oder jedenfalls in Hörweite des alten Mannes gesessen hat, wird nicht wissen, dass er sich seine Suppe immer so bestellt: „Eine Nudelsuppe – mit drei Nudeln."

Das Bemerkenswerte ist nicht mal seine Bestellung. Nein, der alte Mann bekommt tatsächlich seine Nudelsuppe mit den drei Nudeln. Das ist das Besondere. Der Martin nimmt ihn ernst. Das ist typisch für den Martin. Und das hat mit Respekt zu tun.

Martin Schumacher, der Küchenchef, der sich selbst nie so nennen würde, geht auf seinen Gast hundertprozentig ein, so wie er auf jeden seiner Gäste eingeht. Er ist ein Malocher vor dem Herrn – vor dem älteren mit seiner Suppe und seinen drei Nudeln genauso wie vor dem sprichwörtlichen Herrn da ganz oben. Trotzdem ist Martin nie aus der Ruhe zu bringen. Trotz vieler Arbeit ist er die Ruhe selbst, er nimmt sich die Zeit und gibt dem Gast, was der sich wünscht.

Nie würde er auf die Idee kommen und den alten Mann fragen, warum der nur drei Nudeln in seiner Suppe haben möchte, oder ihn sogar abweisen: „Sie können eine Nudelsuppe haben mit Nudeln, wie sie hier jeder Gast bekommt. Oder Sie können eine Suppe ohne Nudeln bekommen, dann ist es aber keine Nudelsuppe, dann ist es Bouillon, eine Brühe." Nein, der Martin sagt, der Gast ist König – und wenn er einen Wunsch hat, den er erfüllen kann, dann macht der das. Drei Nudeln? Alles klar, bitte sehr.

Martin Schumacher, mein Martin, der den Betrieb vor einigen Jahren von seinen Eltern übernommen hat, ist ein Kerl, der mich immer wieder beeindruckt und fasziniert. Ein Mensch, mit dem mich viel verbindet. Er liebt es zu kochen, auch wenn er, ähnlich wie ich, nicht alles essen mag.

Das ist das Gegenteil von Servicewüste Deutschland. Das ist der Martin.

Martin Schumacher, mein Martin, der den Betrieb vor einigen Jahren von seinen Eltern übernommen hat, ist ein Kerl, der mich immer wieder beeindruckt und fasziniert. Ein Mensch, mit dem mich viel verbindet.

Er liebt es zu kochen, auch wenn er, ähnlich wie ich, nicht alles essen mag. Er arbeitet verdammt viel, aber er sieht es nicht als Arbeit, weil er liebt, was er macht. Er ruht in sich selbst, hat immer ein Lächeln übrig für dich. Er weiß, was er tut, und er geht seinen Weg, er macht seine Arbeit ohne Kompromisse. Er liebt auch seine Frau, aber so, dass man es merkt, ohne dass er je ein Wort darüber gesprochen hat. Du merkst es einfach. Martin ist ein Mensch, den man einfach gernhaben muss, und es gibt viel zu quatschen mit ihm.

Wir sitzen auf der Kaminbank und wärmen uns an den Geschichten, die wir uns erzählen. Der Ofen ist aus, weil Sommer ist, wir reden uns die Köpfe heiß. Außer uns beiden ist noch niemand da, die gute Stube noch leer, himmlische Vormittagsruhe.

Der Raum ist bis zur Stehhöhe mit dunklem Holz vertäfelt, sehr gemütlich. Wände und Decken sind geweißelt. Die Deko ist spektakulär unspektakulär. An einer Seite hängt der Kopf von einem Keiler, andere Jagdtrophäen wie Gehörne von Rehböcken schmücken die Wände. Hier und da hat ein geschnitzter Heiliger seinen Platz. – Du bist im Hirschen, und du bist angekommen.

Vor dir strahlt die weißgestärkte Tischwäsche, darauf ein Strauß bunter Wiesenblumen in einer einfachen Glasvase. Das Auge isst mit. Und so sehen übrigens auch die Teller aus, die der Martin an den Tisch bringen lässt: dekorativ, aber unaufdringlich. Bodenständig, aber fein. Kurz: mit Liebe gemacht. Schlicht perfekt. Dabei muss man bedenken, dass man in einem ganz einfachen Gasthaus sitzt.

Ich gebe gerne zu, ich bin oft hier. Aber nicht so oft, wie ich gerne wollte. Ich bin süchtig nach diesem Platz. Ist doch normal, dass man von dem, was einem gefällt, immer mehr haben will. Der Hirschen in Britzingen ist eben genau so ein Gasthaus, wie ich es mir vorstelle. Warum? Es ist vor allem die menschliche Seite, die mich berührt, die mich verzaubert, warum ich mich hier so wohl fühle. Es sind einfach die Menschen. Das ist ganz wichtig für mich. Ich habe die alle so richtig lieb, ich habe die in mein Herz geschlossen, und wann immer ich dort bin, geht es mir gut.

Die Atmosphäre in der Gaststube, die Art, wie die miteinander umgehen und sich gegenseitig unterstützen, wie hier die Generationen miteinander leben; mit einer Selbstverständlichkeit ihre Arbeit tun und dir so viel geben, allein schon so, wie sie dir begegnen; mit einer Freundlichkeit, ungezwungen und frei, da braucht es nicht viele Worte, das nimmt dich ein. Das ist etwas ganz Besonderes, das erreicht dich in der Seele.

Mama Schumacher kommt mit einer Flasche und Sektgläsern. „Erfrischung, Horst."

„Aber jetzt kein Alkohol, bitte."

„Probier halt mal."

„Ist da …?"

„Nein, das ist Apfelsekt."

„Ohne Alkohol?"

„Ohne, sicher."

„Apfelsekt?"

„Apfel-Secco. 100 Prozent reiner, kalt gepresster Apfelsaft, fein verperlt nach Secco-Art. Trinken die Gäst' statt Alkoholischem."

„Mann, ist der lecker. Wo habt ihr den her?"

„Der hier ist jetzt vom Bodensee. Musst du aber kalt trinken, sonst schmeckt der nicht so fein."

Die Mama Schmacher zum Beispiel, die ist nicht einfach nur nett, die ist nicht oberflächlich. Die hat etwas, das du tief in dir haben musst, etwas, das aus dem Herzen strahlt. Etwas, das du eigentlich nicht wirklich beschreiben, sondern nur fühlen kannst.

Du musst das selbst einmal erlebt haben, um zu begreifen, was das ist. Wenn die Mama Schumacher neben mir sitzt, diese kleine unglaublich fleißige Dame, der man ansieht, dass sie ihr Leben lang unfassbar hart gearbeitet hat. Die aber trotz all ihrer Sorgen und aller Arbeit nie das Lächeln in ihren Augen verloren hat, die, obwohl ihr offensichtlich das Laufen jetzt schwerfällt, dir nie das Gefühl gibt, es wäre ihr je ein Gang zu viel für dich. Die dich bedient, ohne ein Dienstbote zu sein. Nein, sie spielt diese Rolle nicht. Das ist verinnerlicht, das kommt wie von selbst, ganz einfach, weil sie eine großartige Gastgeberin ist. Da fühlt man sich zuhause, das ist eine Mischung aus Oma, Mama und Freundin zugleich, das ist eine Wärme, die ist unbeschreiblich.

Für mich umgibt diese Frau ein unsichtbarer Schleier aus Güte und Herzlichkeit. Aber nicht auswendig gelernt und aufgesetzt, um zu verkaufen, nein,

Die Mama Schumacher zum Beispiel, die ist nicht einfach nur nett, die ist nicht oberflächlich. Die hat etwas, das du tief in dir haben musst, etwas, das aus dem Herzen strahlt. Etwas, das du eigentlich nicht wirklich beschreiben, sondern nur fühlen kannst. Du musst das selbst einmal erlebt haben, um zu begreifen, was das ist.

das ist alles andere als dieser einstudierte Höflichkeitswahn, den man oft genug in der Gastronomie am Telefon erlebt: „Guten Tag, mein Name ist Schumacher. Was kann ich für Sie tun?"

Und dann ihr Mann: Papa Schuhmacher, schwer krank, aber bis heute jeden Tag neben seinem Sohn Martin in der Küche, richtet das Fleisch, obwohl er kaum stehen und laufen kann. Aber das lässt er sich nicht anmerken, er beschwert sich niemals, lacht wie seine Frau, mit den Augen.

Er macht jeden Morgen als Erstes den Kachelofen an, besorgt das Holz und kümmert sich um alles Mögliche. Papa Schumacher taucht auf.

„Gibt's was zum Trinken?"

„Du kommst grad richtig. Der Horst ist da und will mit dir anstoßen."

„Und ein bisschen mit dir quatschen, Herr Schumacher."

Papa Schumacher redet gern sofort los. Er ist übrigens der einzige Mensch, den ich verstehe, ohne je einen ganzen Satz von ihm richtig verstanden zu haben. Das liegt an seinem doch extremen alemannischen Dialekt.

„Erzähl doch mal, Herr Schumacher. Du wolltest mir doch von diesem einen Gast erzählen, der immer hier war und dann auf einmal nicht mehr. Ein alter Mann, oder?"

„Das hat mir schon meine Mutter mal erzählt. Ist schon ewige Zeiten her. Ein alter Mann hier aus dem Dorf, der war wohl ziemlich einsam und nicht unbedingt beliebt, ist jeden Abend in die Wirtschaft gekommen. Ein verschlossener Typ, wirkte unfreundlich, hat wenig gesprochen und viel vor sich hin geschwiegen. Man wusste eigentlich nichts über ihn, außer dass er wohl Rechnungsschreiber war. Gut gelaunt war der nie. Aber Sitzfleisch hat der gehabt, ist meist bis weit nach Mitternacht geblieben, und die Mutter hat immer so lange mit ihm ausgehalten, bis der Mann nach Hause ging. Stunde um Stunde hat sie mit ihm ausgeharrt, hat ihn nicht weggeschickt, war einfach immer da für ihn.

Irgendwann kam der auf einmal nicht mehr. Im Dorf hieß es, der sei schwer krank geworden, und er wurde dann auch für eine ganze Weile nicht mehr gesehen. Gut, vermisst hat den keiner. Der war im Krankenhaus, es hat nicht gut für ihn ausgesehen – und dieses Erlebnis muss ihn auf wundersame Weise geläutert haben.

Jedenfalls ist der dann eines Tages wieder aufgetaucht. Und: hat bitterlich geweint. Hat sich bei der Mutter entschuldigt dafür, dass er sich all die Zeit so

unerträglich benommen hat und für die Stunden ihres Lebens, die er ihr ge-
stohlen hat.

Ihm muss durch die Krankheit erst klar geworden sein, was diese Frau für
ihn getan hat. Die immer ein Ohr hatte, mit ihm geschwiegen oder ihm zugehört hat. Das hätte sie ja nicht gemusst, aber sie hat es gemacht. Vermutlich
auch, ohne selbst je darüber nachzudenken: Der Mann war eben ihr Gast.

All die langen Abende, die vielen Stunden bis tief in die Nacht. Und reich
gemacht hat der sie dabei nicht. Die Zeit hätte sie weiß Gott anders verbringen können. Hatte ja nebenher noch ihren Mann zu pflegen und die drei Kinder zu versorgen, hatte ohnehin lange Tage und alle Hände voll zu tun. Aber
sie war immer da, bis zur letzten Minute. – Ich nehm mal an, im Krankenhaus
hat den keiner besucht, und die Schwestern hatten dort auch anderes zu tun,
und das hat den Alten zum ersten Mal in seinem Leben zum Nachdenken gebracht. Das hat ihm ja auch sonst keiner gesagt, der war allein, da war sonst
niemand. Aber dieses Erlebnis muss ihn wach gemacht haben, so, dass ihm
endlich klar geworden ist, was meine Mutter, die Wirtin, ihm gegeben hat."

Diese Geschichte hat mich zutiefst gerührt und geht mir bis heute nach. Mir
ist dabei bewusst geworden, was diese Menschen erlebt haben und dass das
alles auch deshalb heute so ist, wie es ist. Die nehmen sich hier selbst nicht so
wichtig, nehmen sich für andere zurück, die geben, ohne viel darüber nachzudenken, die geben ganz einfach von Herzen. Aufmerksamkeit, Zuwendung,
Verständnis – und ihre Zeit.

Genau diese Erlebnisse sind es, die mich berühren. Das ist für mich wahre
Gastronomie, das hat eine eigene Seele. Das sind gewachsene Werte, die du
erhalten musst. Und Martin ist für mich auch deshalb ein kluger Mann, weil er
genau das verstanden hat. Weil er nie in Frage stellt, ob das alles richtig oder
falsch gewesen ist, was seine Eltern im Betrieb gemacht haben. Der sagt zu
mir:

„Es kann ja nicht so falsch gewesen sein, sonst wären sie heute ja nicht da,
wo sie sind."

Was aber wiederum nicht heißen soll, dass er sich keine Gedanken über
die Zukunft macht. Nein, er hat in vielen anderen Betrieben gesehen, was
passiert ist, wenn die Nachfolger erst mal alles ändern, nur weil sie glauben,
sie könnten es besser, und die Alten hätten keine Ahnung davon.

Der Weg von Martin, der ist für mich ganz klar: Er setzt seine Familie an die erste Stelle und möchte eine gesunde Harmonie. Für den ist alles gut, wie es ist. Er weiß, was er will – und was er nicht will. Und er kann nicht verstehen, dass die Menschen nie zufrieden sind.

Martin hat in meinen Augen das getan, was alle erfolgreichen Menschen tun sollten: Erst mal die Ruhe bewahren, die Dinge genau betrachten und sich fragen: Was möchte ich, und was hat bisher den Erfolg gebracht? Dann bekommt man viele wichtige Antworten. Und man weiß, welchen Weg man für sich gehen muss. Man erkennt die Konsequenzen, die es nach sich zieht, wenn man den eigenen Weg geht.

Der Weg von Martin, der ist für mich ganz klar: Er setzt seine Familie an die erste Stelle und möchte eine gesunde Harmonie. Für den ist alles gut, wie es ist. Er weiß, was er will – und was er nicht will. Und er kann nicht verstehen, dass die Menschen nie zufrieden sind.

Arbeit, Urlaub, Freizeit, da macht der gar keinen großen Unterschied, das ist ihm alles gar nicht so wichtig, er sagt, die Leute denken heute einfach viel zu viel darüber nach, schauen zu sehr nach rechts und links, statt bei sich selbst zu bleiben. Er macht einfach das, was ihm guttut, beschwert sich auch nicht, wenn er nachts bis früh um 3 Uhr in die Reben muss und danach den ganzen Tag wieder bis spät abends in der Küche steht.

Ja, Martin ist ein Vorbild für mich. Ein echtes und seltenes Vorbild, in einer Zeit, wo sich jeder bei jedem beklagt, wie mühsam und schwierig doch alles ist. Wo jeder nur davon spricht, was er doch gerne alles hätte, aber niemals darüber nachdenkt, was er doch schon alles hat.

„Du, Martin, du könntest ja ganz leicht einen Stern bekommen."

„Weißt du, Horst, ich will niemanden wegschicken. Ich muss die Leut' ja jetzt schon wegschicken."

„Der Laden ist immer voll?"

„Es ist schon sehr viel Arbeit, und mehr Platz haben wir nicht. Ich wüsste nicht, wie ich das anstellen sollte. Den Betrieb müsste ich umstellen, die Küche, die Abläufe. Mit Stern müsste ich auch teurer werden, wahrscheinlich käme auch weniger dabei rum. Und was ist, wenn es mal nicht so gut läuft? Warum dann ein Stern?"

Der Martin geht in die Küche. Wir wollen ja noch zusammen Mittag essen. Ich bleibe sitzen. Mama und Papa Schumacher sind auch wieder verschwunden, aber ich fühle mich kein Stück alleine. Ich denke über alles nach.

Martin ist heute die zentrale Figur im Hirschen. Die Sache mit dem Stern, über den wir eben gesprochen haben … – das ist dieser wache, dieser bodenständige Charakter, den ich meine und der sich auch so klar in seiner

Küche zeigt: Martin ist für mich einer der besten Köche Deutschlands; ich bin überzeugt, er könnte ganz schnell einen Stern haben. Aber das interessiert ihn nicht. Weil er weiß, er müsste dann Dinge tun, die er gar nicht tun möchte. Er bleibt bei sich, er macht keine Kompromisse bei seiner Arbeit.

Er würde niemals etwas zum Gast rausschicken, das nicht seinen Ansprüchen genügt. Und ein wahres Wunder ist für mich auch, egal, wie voll der Laden ist, egal, wie viele Menschen auf ihr Essen warten: Martin hat immer ein offenes Ohr, er hat immer ein Lächeln übrig für dich.

Und wie und was der kocht, ist einfach genial. Ganz egal, was du dir bestellst, du kannst keinen Fehler machen. Das ist dermaßen lecker, das schmeckt alles unglaublich. Und alles steht auch auf der Karte so, dass du es verstehst, dass du weißt, was dich erwartet, und sofort eine Vorstellung davon hast, was es ist. Du kannst dir ein Bild davon machen. Wenn du es dann bekommst, das schwöre ich, bist du allerdings in zweierlei Hinsicht überrascht: zum einen, dass es tatsächlich das ist, worauf du dich so gefreut hast, nur eben noch mal viel hübscher und feiner. Das erwartest du eigentlich nicht in einem Dorfgasthof: zum Beispiel einen Tafelspitz, der so schön angerichtet ist, dass du denkst: „Wow!" Da könnte man meinen, dass da vor der Türe zwei in Livree stehen. Stehen da zum Glück aber nicht. Und das zweite Glück ist, dass die Portionen auch so groß sind, dass du davon tatsächlich satt wirst. Und zwar richtig.

Dir soll es schmecken, du sollst es gut haben hier. Martin stellt dir einen Teller zusammen, so wie du es möchtest. Wünsche erfüllt er gerne, soweit er kann. Nur bei einer Sache bleibt er konsequent: Bis heute hat er keine richtige Terrasse, weil es das Haus so nicht hergibt. Er hat draußen ein Tischchen, aber das ist mehr ein privates. Er weiß: Mehr Sitzplätze allein nutzen ja nichts, da musst du auch mehr Personal haben. Das ist ein Problem, denn es ist ja mittlerweile schwer geworden, gute Leute zu bekommen. Und der Weg von der Küche da raus, der sollte auch möglichst gescheit sein. Das muss, genau wie die Sache mit dem Stern, einfach gut überlegt sein.

Die Frage, was es dir unter dem Strich bringt, die musst du für dich selbst beantworten. Und ob die Stammgäste darüber so glücklich wären? Selbst wenn die sich das Sterneessen leisten könnten und wollten, wenn die dir treu bleiben – es wäre ganz einfach nicht mehr dasselbe.

Für Martin kommt das nicht in Frage, der denkt dabei gleich an den Musik-

verein, an die Freunde und all die anderen, für die dieses Haus, genau wie für mich, längst zu ihrem Gasthaus geworden ist. Er fühlt sich denen verpflichtet, das hat ja auch eine soziale Funktion, die gewachsen und wichtig ist. Und das nimmt er ernst.

Dazu fällt mir spontan auch noch die alte Dame ein, die mit weit über 80 Jahren abends zum Spülen kommt. Die kommt ja auch nicht nur, um sich etwas zu verdienen, nein, sie kommt auch, weil sie hier eine Aufgabe hat, weil sie beschäftigt ist, dabei andere Menschen trifft und das Gefühl genießt, hier noch etwas zu leisten und einfach mit dazuzugehören. Das erfüllt sie mit Sinn, das lässt sie weiter am Leben teilnehmen, das ist schöner, als die Abende allein zuhause zu verbringen.

Dieses Gasthaus ist ein wunderbares Beispiel dafür, wie man solch ein Haus über die Jahrzehnte und die Generationen erfolgreich hält. Wie man gewachsene Werte bewahrt, die nicht aus dem Nichts heraus entstehen, sondern die man sich hart erarbeiten muss. Wenn du nicht bei null anfangen musst, solltest du das nutzen und darauf aufbauen.

Hier ist die Zeit zwar immer weitergegangen, doch bis heute sichtbar geblieben. Aber nicht so, dass es irgendwie altbacken wäre. Nein, alles ist schön, es passt zusammen und es ist gepflegt. Du kommst da rein und denkst, das kann so schon immer ausgesehen haben. Und das hat Charakter, das hat Charme und Tradition. Wenn du das kaputt machst, dann stirbt etwas ganz Kostbares, dann nimmst du dem Ganzen die Seele.

Die Schuhmachers haben ganz bewusst – oder vielleicht zum Teil auch unbewusst – alles richtig gemacht, was gut war für diesen Betrieb. Die haben das richtige Feingespür und wissen, was ihnen das alles hier wert ist. Wissen zu schätzen und haben Respekt davor, was die Großeltern hier vor rund 150 Jahren mühevoll aufgebaut haben. Es bedeutet ihnen etwas, sie sind mit diesem Gasthaus verbunden, es ist voller persönlicher Erinnerungen, und sie pflegen es liebevoll, es ist ihr Leben und ihr Zuhause. Sie haben das Holz an den Wänden gepflegt, decken schöne alte Tischwäsche auf, die Theke sieht noch so aus wie damals – aber nichts wirkt dabei auch nur irgendwie angestaubt. Im Gegenteil, alles ist picobello und urgemütlich dabei.

Im Hirschen setzt sich die Geschichte stimmig und nahtlos ins Heute fort. Das ist für mich bodenständig, gut bürgerlich nach allen Regeln der Kunst, das ist ein Gasthaus vom Feinsten. – Martin kommt mit zwei Tellern. Und, Überraschung: Tafelspitz, so schön angerichtet, dass du denkst – unbeschreiblich! Dat sieht so lecker aus.

„Ich wünsche guten Appetit, Horst."

„Wünsch ich dir auch, Martin. Und was wünschst du dir selbst für die Zukunft, sach mal?"

„Kann so bleiben. Ein Gasthaus muss in die Umgebung passen und der Wirt zu seinen Gästen. Ist das nicht der Fall, wird es anstrengend, freudlos – für beide Seiten. Das ist so wie in jeder persönlichen Beziehung. Wenn du dich dauernd verbiegen musst, wenn du das nicht bist, dann bremst du dich nur aus. Wenn das eine Rolle ist, die du spielen musst und dir selbst aufzwingst, dann geht das auf Dauer nicht gut, das ist nicht gesund. Nicht für dich und nicht für dein Geschäft."

„Ich habe das auch oft genug erlebt, all die Schlaumeier, die dir erklären wollen, was gut ist für dich und wie dein Laden noch viel besser laufen könnte. Sollen die das selber anpacken, sollen die das machen, wenn sie sich so gut damit auskennen."

Martin steht noch mal auf. Ich habe das Gefühl, er ist irgendwie immer in Bewegung, obwohl innerlich ganz in sich ruhend. Kein Wunder, dass er kein Gramm Fett ansetzt. Er kommt zurück.

„Sag, Martin, wie fühlst du dich eigentlich neben mir, dem Butterpapst von Deutschland?"

„Meinst du, ich nehme zu, wenn ich neben dir sitze, Horst?"

„Stehst du deshalb immer mal wieder auf?"

„Jetzt bleib ich aber."

Ich wünsche mir insgeheim auch, dass der Martin überhaupt so bleibt, wie er ist. Letztlich ziehst du immer an, was du selber bist, du strahlst es aus. Die Gäste mögen den ländlichen Charme des Hauses und dazu die Küche des Hausherrn.

Für mich ist er ein Lokalheld. Gäbe es eine Gastro-Auszeichnung für Respekt gegenüber dem Gast, ich würde ihn mit „Drei Nudeln" auszeichnen.

Der Hirschen in Britzingen ist eben genau so ein Gasthaus, wie ich es mir vorstelle. Warum? Es ist vor allem die menschliche Seite, die mich berührt, die mich verzaubert, warum ich mich hier so wohl fühle. Es sind einfach die Menschen. Das ist ganz wichtig für mich.

DIE RICHTIGE BÄCKER-MISCHUNG

Bäckerei Bühler

FREIBURG

Der Mensch lebt nicht vom Brot allein, heißt es. Dem kann ich nur zu-
stimmen. Er lebt auch von Herzlichkeit, von Zuwendung, Respekt, Liebe,
Anerkennung, Ehrlichkeit. Er muss seinen emotionalen Hunger genauso
stillen wie seinen Bauch füllen. Vieles von dem, was Menschen brauchen,
habe ich bei Alexander Bühler gefunden. Er gibt seinen Kunden das
Gefühl, dass er liebend gerne für sie arbeitet, um drei Uhr morgens in
die Backstube geht und für ihr tägliches Brot sorgt.

In Freiburg kennt ihn jedes Kind. Er hat sich den besten Ruf der Stadt erbacken. Die Leute sagen hier nicht: Ich geh mal eben zum Bäcker. Hier sagen sie: Ich geh mal eben zum Bühler. Dann weiß jeder, der geht zum Bäcker. Und noch was ist dann auch klar: Es dauert länger, bis man vom Bühler zurückkommt. Denn Schlangestehen ist bei der Bäckerei Bühler normal. Sonst ist eigentlich nichts normal. Normal wäre bei so einem Andrang an Expansion zu denken, an Filialen, an Wachstum, an mehr und größer. Noch mehr Umsatz, noch mehr Kunden, noch mehr Kohle. Aber Alexander Bühler denkt gar nicht daran. Seine Denke lautet so: „Was muss rein, was kann ich weglassen?" Damit meint er nicht nur seine Rezepturen.

Dem Mann eilt der Ruf bester Handarbeit voraus. Seine Zutaten heißen: natürliche Grundprodukte, Frische und Qualität. Das muss rein. Darum hat er auch jeder Expansionsfantasie abgeschworen, hat seine Entscheidung gegen Wachstum um jeden Preis schon vor langer Zeit getroffen: klein, fein und einzigartig statt industriell, nach DIN genormt und damit austauschbar. Das lässt Alexander Bühler lieber alles weg.

Ich habe die Bäckerei Bühler ja vorher nie gesehen, aber so viel davon gehört, dass ich mir dachte: Ich liebe Brot, ich liebe Kuchen, und ich liebe Menschen, die das Besondere im Einfachen suchen – also, das schaust du dir mal an. Die Erzählungen über Alexander Bühler hatten mich neugierig gemacht. Ob der tatsächlich so außergewöhnlich und gut ist, wie alle sagen? Und als ich dann die Idee für dieses Buch hatte, habe ich gespürt: Der muss da rein. Auch wenn es „nur" eine Bäckerei und kein Gasthaus ist.

Ja, und dann hab ich mich auf die Socken gemacht, in aller Herrgottsfrühe, um 7 Uhr morgens in mein Auto gesetzt – der Himmel knackblau, die Sonne nicht durch ein Wölkchen getrübt. Ein Wetterchen, bei dem du die ganze Welt umarmen könntest.

Ne, wat schön, dachte ich, als ich langsam richtig wach wurde und die Vorfreude in mir aufging wie ein Hefeteig: Was mich da wohl erwartet? Wie dieser Laden wohl sein mag?

Ich hatte irgendwie ein Bild im Kopf, wie so ein Bäckermeister aussehen müsste. Ich wusste ja, der ist so in etwa in meinem Alter, um die 50 rum. Ob groß oder klein? Ich hatte keine Ahnung. Der wird auf jeden Fall viel zu dick sein, dachte ich mir, und wahrscheinlich voller Mehl auf dem Kittel durch die Gegend rasen. Und er muss, wenn der Laden dermaßen brummt, dass die Leute bis auf die Straße Schlange stehen, irgendwie auch so ein Cheftyp sein. Wie soll er das sonst gebacken kriegen? Tja, und hinter der Ladentheke stehen vermutlich Frauen, die kräftig malochen und sich mächtig stressen, weil sie das ganze Zeug ja verkaufen müssen.

Ich hatte mir also in Gedanken bereits ein ziemlich konkretes Bild gemacht, was mich erwarten würde. Dabei hatte ich allerdings nicht bedacht, dass dieses Bild ja irgendwie gar nicht zu seinem durch und durch positiven Ruf passt. Aber egal.

Auf jeden Fall war ich mir sicher, dass der Bäcker Bühler eine sehr gute Lage haben muss, wo viele Fußgänger vorbeikommen, wo einfach viel Betrieb ist. Tja, und dann fährst du langsam deinem Ziel entgegen und wirst schon leicht nervös, weil du erst mal suchen musst, weil der Laden so versteckt in einer Seitenstraße liegt, dass du den ohne Navi fast nicht finden kannst. Außer du bist von hier. – Parken wird zum nächsten Problem. Kaum Platz.

Das kann doch nicht angehen, denke ich. Da brauchst du Geduld oder Glück oder ein Fahrrad. Wie kann man so einen Laden haben, wie kann der laufen, in so einer Lage? Das kann doch eigentlich gar nicht funktionieren. Das ist spontan mein Gedanke. Und dann kommt aus dem heiteren, blauen Morgenhimmel die erste Bühler-Überraschung.

„Gott im Himmel, was riecht dat lecker hier!", sage ich mir, als ich aus dem Auto steige. Dabei sehe ich noch nichts, stehe noch die Ecke rum, aber es steigt mir intensiv in die Nase, und wie automatisch läuft mir das Wasser im Mund zusammen. Himmel, ich bekomm Appetit – und das, obwohl ich ziemlich gut gefrühstückt habe.

Mir kommt ein Gedanke: Wenn ich gegenüber wohnen würde, ich wüsste genau, was ich an jedem Morgen als Allererstes tun würde: Das größte Fenster öffnen, einmal über die Straße rufen und mich so aufstellen, dass ich die Brötchentüte direkt mit meinen Händen auffangen könnte. Was für eine Vorstellung! Ob das für die Figur allerdings so gut wäre und meinem Schatz gefallen würde, naja, das müssen wir hier jetzt nicht vertiefen.

Ich lasse den Gedanken fallen und gehe rein. Aha. Ist schon etwas Betrieb, die Damen hinter der Theke sind mit Kundschaft beschäftigt, aber: Gestresst sind die nicht. Ganz im Gegenteil, die wirken ziemlich gelassen. Scheint so, als würden sie jeden persönlich kennen. Stimmt so aber sicher nicht. Naja, durch mich lassen sie sich jedenfalls nicht aus der Ruhe bringen.

„Schönen guten Morgen, ich bin der Horst Lichter, ich bin hier verabredet." Die Damen lachen. Die Kunden gucken. Kurze Begrüßung, Schwätzchen über die Theke und zusammen ein bisschen Spaß machen. Die Bühler-Damen wissen natürlich Bescheid und lotsen mich schnurstracks in die Backstube. – Und dann steht er vor mir: Alexander Bühler. Aber hallo! Sportlich der Mann, wirkt megafit und viel jünger, als ich dachte. Mit einem sensationell spitzbübischen Lächeln gibt er mir das Gefühl, dass ich hier richtig bin. Der Blondkopf strahlt mich an mit blauen Augen, die vergisst du nie mehr.

Hier steht der ausgewachsene Michel aus Lönneberga vor mir. Wenn du ihn anschaust, denkst du dir: Den sperren die ab und zu bestimmt ein, weil der zu viel Blödsinn macht. Der hat den Schalk im Nacken, der sprüht nur so vor Energie.

Ist das wirklich ein Bäckermeister? Bei Max & Moritz, ich erinnere mich, da ist einer gezeichnet. Da weißt du, wie ein richtiger Bäckermeister auszusehen hat. Aber der hier …

Wir schütteln uns zur Begrüßung kräftig die Hände. Er legt die andere Hand auf meine Schulter.

„Komm rein, Horst. Darf ich Horst zu dir sagen?"

„Aber ich bitte darum."

„Ich bin der Alexander."

„Wir können ja nachher mit einem Brötchen auf unsere Brüderschaft anbeißen oder so ähnlich."

„Oder mit einem Croissant."

„Croissant – bist du sicher? Du bist ja extrem schlank, wie machst du das? Extremsport? Oder bist du so eitel, dass du all die leckeren Sachen hier nicht isst?"

„Aber Horst", er zwinkert mir zu. „Brot macht doch nicht dick. Das sag ich jedem, der mich fragt. Und was Wahres ist da dran. Es ist ja nicht das Brot, das dick macht, es sind die Kohlenhydrate."

„Aha! Ich hab schon davon gehört, dass du einen sehr speziellen Humor haben sollst."

Und dann steht er vor mir: Alexander Bühler: Aber hallo! Sportlich der Mann, wirkt megafit und viel jünger, als ich dachte. Mit einem sensationell spitzbübischen Lächeln gibt er mir das Gefühl, dass ich hier richtig bin. Der Blondkopf strahlt mich an mit blauen Augen, die vergisst du nie mehr. Hier steht der ausgewachsene Michel aus Lönneberga vor mir.

Das sind fröhliche und feine Menschen
hier. Benjamin wäre da noch zu nennen.
Er ist der Jüngste. Von ihm lasse ich mir
dies und das erklären. Und Claudia. Sie ist
die Konditorin. Bei ihr gehe ich ein-zwei-
drei Erdbeeren klauen. Und Salvatore. Bei
ihm lege ich am langen Backtisch gleich
selbst Hand an.

„Im Ernst? Nein, ganz ehrlich. Ich esse Brot nur, wenn es richtig gut schmeckt, es geht um den Genuss, und es darf keine Sättigungsbeilage sein."

„Du isst also nur dein Brot."

„Ich schaue mir gern andere Bäckereien an und probiere die Sachen. Das inspiriert mich und bringt mich auf neue Rezepturen."

„Ach so, dann klaust du die Idee und machst deine eigene daraus."

„Ha noi (badisch für: Aber, nein). Natürlich nicht, aber es interessiert mich, was andere bieten, und wenn mir da etwas besser schmeckt, dann spornt mich das an."

Dann stellt er mir seinen Kollegen vor, der zugleich sein bester Freund ist, den er während der Ausbildung kennengelernt hat und mit dem er den Laden heute zusammen macht. Die zweite Bühler-Überraschung: Noch so ein Typ. Ein Riese, dieser Stefan, als ob der auf Stelzen steht, und ziemlich hager dabei – wie der mit seiner Bäckermütze vor mir steht, erinnert er mich entfernt an Karl Valentin.

Alexander und Stefan – diese beiden sind allein schon optisch eine Sensation. Aber sie sind nicht die Einzigen in der Backstube. Der dritte Mann gesellt sich zu uns: Herbert Wäldele, 82 Jahre – in Worten: zweiundachtzig! Ein Phänomen, das Männle (badisch für kleiner Mann), fast ein eigenes Buch wert. Und die dritte Bühler-Überraschung. Irgendwann hatten die hier an Fasnacht einen Engpass und die Idee, spontan beim Wäldele anzufragen, dem ehemaligen Lehrherrn von Alexander und Stefan. Es ging bei dem Engpass eigentlich nur um zwei bis drei Tage, die er aushelfen sollte – und schwupps, sind darüber 30 Jahre vergangen.

So kann's gehen: Im Ruhestand zufällig schwach geworden und immer noch da. Warum auch nicht? Hier fragt sich das keiner. Das allein sagt schon viel über den Laden. Und ich sage mir: Ja, warum auch nicht? Sollen alte Menschen etwa nichts mehr zählen? Ihre Arbeitskraft nichts mehr wert sein? Die können doch was. Und wenn sie wollen, dann sollte man sie auch ranlassen, verdammt. Denkt denn unsere Leistungsgesellschaft, dass die nicht mehr dazugehören, nur weil sie ein gewisses Alter haben? Haben die sich in den Augen der Jungen diskret zurückzuziehen und Platz zu machen?

Rente mit 63, mit 65 oder 67. Was macht das für einen Herbert Wäldele für einen Unterschied? Hut ab vor diesem Mann! Vor der Generation 80 plus.

171

Davor habe ich einen Riesenrespekt. Wenn ich Menschen wie Herbert Wäldele vor mir sehe, denke ich: Soll er schaffen, solange er will und kann. – Ja, und so ist er eben jeden Tag, außer Sonntag, mit den anderen in der Backstube.

Aber sonntags ist sowieso niemand hier, und Herbert Wäldele nutzt die Zeit für das, was er Freizeit nennt: Kümmert sich um 30 Bienenvölker, schleudert den Honig natürlich selbst, hackt 150 Raummeter Brennholz im Jahr und pflegt seinen Schrebergarten. Daraus versorgt er annähernd 15 Familien mit dem Gemüse, das er produziert.

Ich will mir gar nicht vorstellen, was passiert, wenn der mal nix mehr macht. Das geht vermutlich gar nicht – und deshalb fühlt er sich auch so wohl in diesem Betrieb. Gilt übrigens für alle hier, die ganze Mannschaft.

Die Atmosphäre in dieser Backstube, die ist schon sehr familiär zu nennen, vom Alter her bunt gemischt, ein gutes Team, die arbeiten straff, aber lachen viel. Mein Gefühl sagt mir, das ist echt und hat nichts mit mir und meinem Besuch zu tun. Die haben Spaß, die gehen sehr herzlich miteinander um, und ich staune nur, was sie auf kleinstem Raum an Vielfalt und Qualität produzieren. Ohne Hektik, mit einer angenehmen Gelassenheit. Ohne riesige Maschinen und hochkomplizierte Technik, nein, diese Backstube sieht fast etwas nostalgisch aus. Eine einfache Grundausstattung reicht anscheinend völlig aus.

Das alles gefällt mir sehr gut. Das sind fröhliche und feine Menschen hier. Benjamin wäre da noch zu nennen. Er ist der Jüngste. Von ihm lasse ich mir dies und das erklären. Und Claudia. Sie ist die Konditorin. Bei ihr gehe ich ein-zwei-drei Erdbeeren klauen. Und Salvatore. Bei ihm lege ich am langen Backtisch gleich selbst Hand an.

Wo ich das alles gesehen habe und mir das so viel Freude macht, will ich noch viel mehr erfahren. Und im Gespräch mit Alexander wird dann auch ganz schnell klar, dass er offenbar genauso gerne und so viel erzählt wie ich …

Wir frühstücken – richtig lecker! – und kommen ins Plaudern, mühelos, das eine ergibt sich aus dem anderen, und gemeinsamen Stoff gibt es reichlich. Wir sprechen über die Familie, Vater, Mutter und seine Frau Ulrike, über den Generationenwechsel und die Übernahme des Betriebs. Über wichtige Entscheidungen und Wege, die auch schon mal ins Leere gelaufen sind. Über Backmischungen, Biolügen, Kohlenhydrate, Fett und Übergewicht. Über Geiz und gesunde Ernährung, die Innung und die Konkurrenz, die Supermärkte

und die Ketten. Das Überangebot und die Massenproduktion, Dinge, die wir eigentlich ablehnen, weil sie nicht wirklich schmecken – und doch kaufen. Weil sie günstig sind, weil es bequem ist, weil die riesige Auswahl uns lockt und wir uns nur zu gern der Illusion hingeben, dass dort immer alles zu jeder Uhrzeit frisch aus dem Ofen kommt. – Ja, wollen wir das tatsächlich glauben, oder nehmen wir es nur gerne an, weil es uns schon so normal erscheint?

Auf der anderen Seite regen sich alle auf, dass so viel weggeworfen wird. Gehen wir uns da nicht selbst auf den Leim, will der Mensch belogen werden, weil es so wunderbar einfach ist und wir es lieber nicht so genau nehmen wollen?

Mit den Ausreden sind wir natürlich schnell bei der Hand: die Zeit, der Umweg und dass es einfach zu teuer geworden ist, dass der Preis, den der Bäcker oder Metzger verlangt, ja beim direkten Vergleich in keinem Verhältnis mehr steht. Aber mal ehrlich, wenn wir da etwas genauer hinschauen, was ist denn tatsächlich der Preis, den wir zahlen dafür?

Geschmacksverstärker, Konservierungsstoffe und Allergien, Skandalberichte und wachsende Abfallberge, palettenweise gefrorene Teiglinge aus Polen und riesige Kühlhäuser. Sind wir da tatsächlich noch auf dem richtigen Weg? Ist es wirklich erstrebenswert, dass immer alles zu haben ist, dass wir so satt sind und das als so selbstverständlich annehmen? Oder vergeht uns darüber nicht der Appetit?

Nein, wir verschließen die Augen. Vieles will der Mensch doch gar nicht wissen. Wir wollen belogen werden und an das Gute glauben, auch wenn es so gar nicht funktionieren kann. Wir wollen einen Baumwollpullover tragen und fest daran glauben, dass die Wolle dem Pflücker in die Hand gefallen ist …

„Das war schon in meiner Zeit auf der Meisterschule Ende der 80er Jahre ein großes Thema", sagt Alexander. „Der Vormarsch der industriellen Lobby, der das Handwerk und die Produktion rasant verändern sollte. Künstliche Triebmittel, kürzere Backzeiten, schnellere Verarbeitung in großen Fabriken, die Entwicklung hat sich schon früh deutlich abgezeichnet. Jetzt ist sie Realität. Damals gab es noch viele solcher Bäckereien wie unsere hier, doch die wurden und werden immer seltener. Die Nachfrage will bedient werden, die Erwartungen steigen, der Druck wächst."

„Sind wir nicht selbst die Nachfrage? Schaffen wir uns nicht selbst die Fabriken, die uns nicht wirklich gefallen, diesen Überkonsum und die hübsch bunt abgepackten Massen, die unser ökologisches Gewissen und die Umwelt belasten?"

Alexander nickt. „Klar, eigentlich brauchen wir auch keine Beratung. Wir sind uns doch so sicher. Wir glauben zu wissen, was gut ist, denn das steht da ja alles drauf. Mit präzisen Kalorienangaben und Nährwerten, alles sauber, alles bestens, alles ganz korrekt. Aber: Bleibt da nicht etwas ganz Wesentliches auf der Strecke? Der Respekt vor dem Lebensmittel und denen, die es herstellen, der bewusste Genuss und die Wertschätzung für das, was wir da essen? Die echte Freude darauf? Ist das nicht ein großer Verlust an Lebensqualität? Ganz abgesehen von den persönlichen Gesprächen im Laden, von der Atmosphäre und von dem Vertrauen in die Waren? Vom Reiz des Besonderen, den es schon beim Einkaufen zu erleben gibt? Zählt das nicht, ist uns das nichts mehr wert?"

„Ja, nimm die Franzosen, Alexander. Wieso sind die im Gegensatz zu uns bereit, ein Vielfaches mehr für ihre Lebensmittel zu zahlen? Die geben dafür bekanntlich im Schnitt ein Drittel ihres Einkommens aus. Woran liegt das, wie erklärt sich das, wieso hat das Essen bei uns so einen geringen Stellenwert? Ist es mangelnde Kultur?"

„Hier in Freiburg und in der Region ist das Gott sei Dank etwas anders als anderswo."

„Das hat sicher auch mit der Landschaft zu tun, die viel, viel lieblicher ist als die Gegend, aus der ich komme, die ist rauer, da ist das nicht so beschaulich wie hier …"

Wir kommen noch einmal zurück auf die lange Schlange im Verkauf, die bei Alexander Bühler selbst unter der Woche oft bis aus der Tür und samstags regelmäßig bis über die Straße hinaus wächst. Über die sich – man staunt – längst keiner mehr ernsthaft aufregt, das ist für die Kundschaft völlig normal, daran haben die sich gewöhnt. Stehen regelmäßig bis um die Ecke an und warten geduldig, bis sie an die Reihe kommen. Was dauern kann.

Aber der Bühler ist natürlich nicht nur ein Schlauer, der ist auch ein Guter: Der rollt die Menge dann schon mal von hinten auf, bringt Kaffee oder irgendwas Leckeres zum Naschen raus, damit sie bei Laune bleiben. Da macht er kurz mal das Fenster auf – schaut, wie die Stimmung ist, und reagiert darauf.

Einfach herrlich, aber wo gibt es denn so was heute noch? Du merkst, er hat selbst Spaß daran, und das steckt an. Wieder so eine Bühler-Überraschung.

Die Atmosphäre in dieser Backstube, die ist schon sehr familiär zu nennen, vom Alter her bunt gemischt, ein gutes Team, die arbeiten straff, aber lachen viel. Mein Gefühl sagt mir, das ist echt und hat nichts mit mir und meinem Besuch zu tun.

Alexander Bühler dreht lieber so lange an den Rezepten, bis es für ihn 100% stimmt, statt sich vor Stress im Hamsterrad zu drehen. Er mischt und mahlt das Biogetreide lieber selbst, formt Brot und Brötchen von Hand, statt sich von Billiglieferanten abhängig zu machen.

Ich sage immer, wenn du selbst gerne gibst, dann wirst du auch bekommen, dann kommt das von allein zurück. Das trägt Früchte, die du lange Zeit ernten kannst. Wenn du es aber nur aus Berechnung tust, nur weil du das Gefühl hast, du musst, dann ist das nichts, dann geht das selten auf.

Drängt sich mir trotzdem noch die Frage auf, ob eine Vergrößerung, ein Filialgeschäft, nicht sinnvoll gewesen wäre, bei so einem Run auf die Ware. Er antwortet:

„Die Überlegungen dazu gab es. Die Entscheidung hat mich lange beschäftigt. Mit einem Stand auf dem Markt hatten wir einen Schritt in diese Richtung gewagt. Wir haben uns dann aber recht schnell wieder zurückgezogen, weil das für uns nicht funktioniert hat: Die Situation hat sich nicht entspannt, nein, die Nachfrage ist explodiert. Damit haben wir nicht gerechnet, das hat die Mannschaft an die Grenzen gebracht. Wir hätten uns richtig vergrößern, neue Räume und Personal suchen müssen. Mehr Leute bedeuten mehr Bewegung im Gefüge, damit wird es nicht einfacher. Und wenn du mehr produzieren willst, musst du natürlich mehr einkaufen. Eine einfache Rechnung, aber nicht alles: Die Proportionen verschieben sich, die Dynamik verändert sich."

Während er noch spricht, denke ich, klar: Plötzlich musst du anders kalkulieren und anders arbeiten. Das eine zieht das andere nach sich – genau das hat Alexander Bühler nicht gewollt. Weil er selbst zu gerne in der Backstube steht und kein Papiertiger werden will. Weil er das Handwerk liebt und nach seinen Ideen umsetzen möchte. Weil er feste Vorstellungen von der Qualität seiner Waren und Freude an dem hat, was er macht. Ja, weil er es genau so machen und leben kann, wie er will.

Er dreht lieber so lange an den Rezepten, bis es für ihn 100% stimmt, statt sich vor Stress im Hamsterrad zu drehen. Er mischt und mahlt das Biogetreide lieber selbst, formt Brot und Brötchen von Hand, statt sich von Billiglieferanten abhängig zu machen. Und er macht nicht jede Entwicklung mit, setzt auf Bio nur da, wo es ihm sinnvoll erscheint.

Das Angebot in den Regalen ist top. Wenn du in den Laden kommst, denkst du nur: „Das will ich alles, egal, wie viele Kalorien das hat." Aber es gibt ja auch ganz gesunde Sachen hier. Das ist ein Thema, mit dem sich Alexander Bühler immer wieder auseinandersetzt und das ihn persönlich interessiert.

Weil hier viele Kinder ihr Pausenbrot kaufen, und denen möchte er doch etwas richtig Gutes bieten.

„Ja, die Kinder", sagt Alexander nachdenklich vor sich hin. „Wenn das nur so einfach wäre. Das ist auch nicht so gelaufen, wie es von mir gedacht war. Gesund hat die kaum interessiert. Die wollten viel lieber Süßes – und wir kennen das ja alles selbst: Gesund zählt eigentlich erst, wenn du älter wirst. Vernünftig und brav, das magst du als Kind nicht, davon willst du nichts hören, da sollten wir nie vergessen, wie wir selbst einmal waren. Kinder können aber an die gesunden Sachen herangeführt werden. Man muss sie erst mal für das Handwerk begeistern. Nur darüber hast du eine Chance, sie zu packen. Neulich waren Kinder der Montessori-Schule bei uns. Die waren echt neugierig, haben viele Fragen gestellt. Wann steht ein Bäcker morgens auf? Ist da im Ofen ein Feuer? Wie wird eine Brezel gemacht? Die waren Feuer und Flamme. Wir haben verschiedene Getreidesorten untersucht, Mehl gemahlen und mit unterschiedlichen Mehlsorten gebacken. Besonders viel Spaß hatten sie, aus dem Teig Brote zu backen, zum Beispiel Mäuschen, Gesichter oder Brezeln. Ihre Begeisterung stand ihnen in ihre Gesichter geschrieben. Ich glaube, die haben was mitgenommen. Ein schönes Erlebnis, auch für mich."

Da marschiert gerade seine Frau Ulrike von vorne zu uns in die Backstube. Sie kommt genauso sympathisch, sportlich und jugendlich daher wie Alexander, genauso natürlich. Ich habe sie vorhin schon im Laden entdeckt. Der Verkauf ist ihr Revier. Alexander stellt uns kurz vor. Sie hat einen festen Händedruck für eine Frau. Sicher hat sie auch das Händchen und auch das Gespür für die Kunden.

„Alexander redet so gerne", sagt sie und lacht dabei, „darüber vergisst er schon mal die Zeit. Quassel nicht so viel." Sie necken sich ein bisschen.

Die Zeit ist aber auch geronnt. Schon bald Mittag. Ich weiß längst, warum es mir hier so gefällt und warum ich mich so wohl fühle. Es ist das Spezielle, das, was diesen Betrieb so charmant, so anders und offensichtlich so erfolgreich macht. Es geht um das, was in keinem noch so klugen Lehrbuch steht. Das, was die ganze schlaue Theorie in der Praxis über den Haufen schmeißt.

Was mich an dieser Bäckerei so fasziniert und warum ich diese Geschichte in meinem Buch erzähle, ist das: Es gibt ja ganz offenbar eine gängige

Ich weiß längst, warum es mir hier so gefällt und warum ich mich so wohlfühle.
Es ist das Spezielle, das, was diesen
Betrieb so charmant, so anders und offensichtlich so erfolgreich macht. Es geht um
das, was in keinem noch so klugen Lehrbuch steht.

Meinung darüber – und jeder hat seine Vorstellungen davon –, wie solch ein Betrieb zu führen ist und auszusehen hat.

Dieser kleine hübsche Laden in dieser versteckten Straße, diese kleine Backstube, diese schmale Eingangstür, das viele Personal, so viele Damen im Verkauf – sämtliche Banker, Steuer- und Unternehmensberater würden dir sagen: Das kann sich nicht rechnen, das muss ganz anders laufen, betriebswirtschaftlich ist das alles falsch angelegt hier.

Aber Irrtum! Das funktioniert, weil hier, genauer betrachtet, äußerst bedacht gehandelt wird. Und weil Alexander Bühler genau weiß, was er will. Der lässt sich nicht verrückt machen und rennt nicht jedem Trend hinterher. Er weiß selbst am besten, was die Kundschaft von ihm erwartet und wie er das bedient.

Dieser Bäckermeister ist sich selbst immer treu geblieben, macht, was er will, und das verdammt gut. Räumt Geschmack, Genuss und Respekt den höchsten Stellenwert ein. Das hat er vom Vater gelernt und bewahrt, der den Laden 1948 von seinem Vater übernommen hatte. Alexander hat, als er das Geschäft dann seinerseits vor 25 Jahren übernahm, nicht alles neu gemacht und umgestellt, ist seinen eigenen Weg gegangen, aber das nicht zu schnell. Dieser Mensch arbeitet viel – aber mit Begeisterung und mit Herz.

Was ich sagen will: Genau das, was auf den ersten Blick so völlig falsch und verkehrt zu sein schien, ist das Wesentliche hier. Die Regeln kennen und sie dann ändern. Das macht den Erfolg aus und ist für diesen feinen Bäckerladen, der dennoch täglich bis zu 100 Kilogramm Brot verkauft, ganz genau richtig so.

Die Bäckerei Bühler – eine kleine, große Bäckerei mit ganz ungewöhnlichen, ganz normalem Menschen. Einfach sensationell.

HERRN LAUFERS GESPÜR FÜR WEIN

Zum Krug
ELTVILLE-HATTENHEIM

„Wie alles sich zum Ganzen webt, eins in dem anderen wirkt und lebt." Das ist nicht von mir, sondern von Goethe, und gelesen habe ich das in der Weinkarte vom Gasthaus Zum Krug in Hattenheim am Rhein, das seit drei Leben in der Hand der Laufers ist. Und da ist mir auf einmal klar geworden: Josef Laufer ist der Sohn von Josef Laufer, und der ist der Sohn von Josef Laufer. Und hier ist eine Generation Laufer mit der anderen verwoben und wirkt und lebt in der anderen. Sensationell.

Wir befinden uns im Rheingau. Genau hier. Seht ihr? Hier, wo ich den Zeigefinger auf der Landkarte habe. Genau hier, wo schon tausende mit ihren Fingern vor mir draufgezeigt haben. Wo du die Stelle schon fast nicht mehr erkennen kannst. Seht ihr?

Blödsinn, könnt ihr ja gar nicht. Aber kennen tut ihr diese Tafeln schon mit der Landkarte drauf, oder? Die stehen in der Landschaft, sind für Wanderer und Menschen wie mich, die was suchen. Hattenheim such ich gerade. Aha! Da ist der Main, und da ist der Rhein. Was reimt sich auf Rhein und Main? Richtig: Wein.

Wir sind, wie schon gesagt, im Rheingau. Man könnte auch Weingau sagen. Offiziell heißt es Rhein-Main-Gebiet. Wiesbaden ist ganz nah, Mainz und Frankfurt auch. Und der Rheingau ist logischerweise das Naherholungsgebiet davon.

Der Rheingau-Riesling ist weltberühmt. Hier gibt es überhaupt viel zu entdecken. Weinberge, Täler, Wälder und so kleine, sensationell gemütliche Dörfchen. – Ne, wat is dat schön hier. Wenn ich wieder mal mehr Zeit habe, würde ich die Gegend gerne mit meinem Mopped (Rheinisch für Motorrad) erkunden. – Aber wo ist jetzt dieses sensationell kleine Hattenheim? Aha! Ich hab's. Wie weit noch? Gar nicht mehr weit. Die Straße runter.

Rechts die Weinhänge. Links der Rhein. Vor mir das Ziel: das Weinhaus Zum Krug in Hattenheim. Fußläufig zu erreichen, hatte mir der Hotelier gesagt, wo ich übernachtet habe.

Wo wir gerade beim Laufen sind: Der Laden, also der Krug, läuft jetzt schon seit drei Generationen. Die Inhaber hießen immer Laufer. Und jetzt setz ich noch einen drauf: Josef Laufer junior ist Marathonläufer. – Und ich muss hier noch eben um die Ecke laufen, dann müsste ich aber da sein. Zwei, drei Schritte …

Ja. Unglaublich, aber da isses. Und dazu noch unglaublich schön, das Haus. Tadellos in Schuss. Ein Fachwerkhaus. Alt, aber wie aus dem Ei gepellt. Ich hab's ja mit den alten Sachen. Und das hier ist richtig alt: Weinhaus seit 1720.

Ich kann mir sehr gut vorstellen, wie hier früher die Postkutsche vorbeigekommen sein muss. Ich höre direkt das Getrappel der Hufe auf dem Kopfsteinpflaster, und ich sehe wie die Herrschaften zwecks einer kleinen Erfrischung

Wir kommen auf die Tradition zu sprechen. Dass die Familie den alten Werten verbunden ist, kann man schon alleine an den Vornamen der männlichen Linie ablesen. Den Namen Josef trug schon der Vater von Josef Laufer dem Jüngsten, und der Vater des Vaters hörte ebenfalls auf Josef.

eben ausgestiegen sind, um einzukehren. Vielleicht saß sogar der olle Goethe mit drin.

Genug geträumt. Ich geh jetzt auch mal rein. Ein paar Gäste sitzen beim Frühstück. Ist ja noch früh am Tag. Am Ecktisch vor den Butzenfenstern entdecke ich eine weiße Kochjacke mit einem jungen, schlanken Mann drin. Er hat eben noch telefoniert. Josef der Dritte springt hoch und auf mich zu.

„Sie müssen der Herr Lichter sein."

„Nein", sage ich, „ich müsste der Horst sein."

Er lacht: „Dann bin ich der Josef. Grüß dich, Horst."

Wir setzen uns gleich auf die gemütliche Eckbank. Auf dem Tisch liegt ein gerahmtes Foto. Eigentlich sind es zwei Fotos, die in einem dunklen Holzrahmen stecken. Das obere in Schwarz-Weiß und darunter ein vergilbtes Farbfoto. Auf dem Schwarz-Weiß-Foto sehe ich einen älteren Herrn und einen jungen Burschen bei der Weinprobe, wie sie ihre Nasen ins Glas halten. Auf dem anderen eine ähnliche Situation: wieder ein Jüngling und ein älterer Herr. Gläser in der Hand, vor ihnen steht eine Reihe von Weinflaschen.

„Was hast du denn da Interessantes, Josef?"

„Da sind die drei Generationen Laufer."

„Aha, Josef der Erste … den kann ich erkennen."

„Genau. Das ist mein Großvater da links zusammen mit meinem Vater bei seiner ersten Weinprobe drüben im Kronenschlösschen." Er zeigt auf die Personen. „Viele Jahre später ist dann mein Vater mit mir, ich war 14, auf eine vergleichbare Veranstaltung oben ins Kloster Eberbach gegangen, und da ist dieses untere Foto von uns entstanden. Das hat ein Reporter vom ‚Rheingau Echo' gemacht, natürlich ohne vom ersten Foto gewusst zu haben. Und als wir das Foto mit meinem Vater und mir am nächsten Tag in der Zeitung gesehen haben, haben wir uns an das alte Schwarz-Weiß-Foto erinnert. Wir fanden das so originell, dass wir beide Fotos zusammen eingerahmt haben."

Schon echt komisch, denke ich, welche Zufälle es im Leben gibt: Zweimal die gleiche Situation. Zweimal Vater und Sohn. Und das Thema Wein verbindet die Generationen. Toll! Der Lebensweg der Laufers scheint vorgezeichnet. Schicksal oder Zufall? Wer weiß das schon.

Ich lasse mich von solchen Sachen ja immer gerne ablenken. Wie ich die Bilder sehe, komme ich ins Grübeln. Ich denke: Zufall – und ich denke an meine

Oldiethek, wo ich sehr viele Bücher zusammengetragen hatte. Bücher waren für mich schon immer sehr wichtig. Die Oldiethek war auch so eine Art Bibliothek für mich, wo ich alles gesammelt habe, was mir an Büchern und Magazinen in die Quere kam. Ich hatte damals tonnenweise Bücher. Ich habe die alle gelesen. Viele habe ich auch heute noch.

Mit den Geschichten, die ich gelesen habe, bin ich dann auf Weltreise gegangen. Die Reisen fanden aber nur in meinem Kopf statt. Ich wäre damals weder finanziell noch zeitlich in der Lage gewesen, wirklich zu reisen. Ihr kennt das sicher auch von euch. Später mal, sagst du dir immer, mache ich mal eine große Reise; wenn ich Zeit habe – und die nötige Kohle. Bei dieser Idee bleibt es dann sehr oft.

Jedenfalls. Unter diesen Büchern war auch ein Buch von Albert Schweitzer, der als Missionsarzt in Afrika gearbeitet hat. Dort hat er, was viele von euch wissen, ein Tropenhospital gebaut und den Menschen medizinisch geholfen, die in Not waren. So. Was ich erzählen will: Schweitzer hat auch Bücher geschrieben. Unter anderem hat er diesen Satz formuliert:

„Der Zufall ist das Pseudonym, das der liebe Gott wählt, wenn er inkognito bleiben will."

Könnte sein, dass das bei den drei Generationen Laufer auch so gelaufen ist. Schöne Vorstellung, oder?

Josef will gerade die Fotos beiseitelegen …

„Moment!", sage ich. „Jetzt muss ich aber mal dazwischenfragen: Es heißt doch Weinhaus seit 1720. Und auf dem ersten Foto sieht man deinen Vater und deinen Opa. Gab es denn da schon Fotoapparate?"

„Nicht, dass ich wüsste." Er schmunzelt. „Was aber sicher ist: Gastronomie ist hier schon fast 300 Jahre drin; die Laufers aber erst seit mehr als 60 Jahren."

Wir kommen auf die Tradition zu sprechen. Dass die Familie den alten Werten verbunden ist, kann man schon alleine an den Vornamen der männlichen Linie ablesen. Den Namen Josef trug schon der Vater von Josef Laufer dem Jüngsten, und der Vater des Vaters hörte ebenfalls auf Josef.

Die traditionelle Verbundenheit zum Rheingau wiederum wird bei einem Blick in die Weinkarte deutlich. Hier zählt man hunderte Weine und Weinraritäten, die allesamt aus der Region kommen.

Die Laufers haben ein Gespür für Wein. Schon der Großvater hat Rhein-

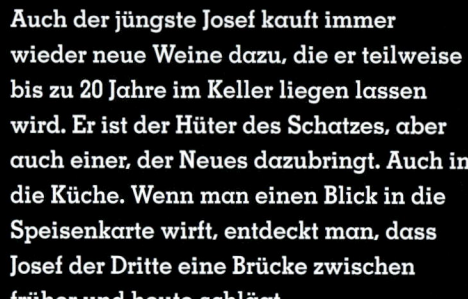

Auch der jüngste Josef kauft immer wieder neue Weine dazu, die er teilweise bis zu 20 Jahre im Keller liegen lassen wird. Er ist der Hüter des Schatzes, aber auch einer, der Neues dazubringt. Auch in die Küche. Wenn man einen Blick in die Speisenkarte wirft, entdeckt man, dass Josef der Dritte eine Brücke zwischen früher und heute schlägt.

gauweine gesammelt. Er hat den Grundstock des Schatzes zusammengetragen. Er probierte und kaufte Rheingauer Weine, um sie zu lagern. Sein Sohn
hat es ihm nachgemacht. Und sein Enkel hat diese Leidenschaft von seinem
Vater übernommen. Auch der jüngste Josef kauft immer wieder neue Weine
dazu, die er teilweise bis zu 20 Jahre im Keller liegen lassen wird. Er ist der Hüter des Schatzes, aber auch einer, der Neues dazubringt. Auch in die Küche.

Wenn man einen Blick in die Speisenkarte wirft, entdeckt man, dass Josef
der Dritte eine Brücke zwischen früher und heute schlägt. Die Brücke steht auf
drei Pfeilern: Ganz außen links steht als Erstes „Die klassische Krug-Küche"
und als Letztes ganz rechts „Neue Krug-Küche" und dazwischen steht der dritte Pfeiler: „Tradition hin – Tradition her".

„Hin und her", sage ich zu ihm, „damit machst du deine Gäste schwindlig,
wenn der Wein mal nicht gereicht hat."

„Keine Angst, Horst, der reicht für einige Jährchen. Aber im Ernst. Mit Tradition hin und her meinen wir klassischen Genuss in neuer Interpretation. Das
Bewährte bewahren. Das Bewährte aber auch neu deuten. Die Tradition fort-
leben lassen."

„Dein Opa war ja auch schon einer, der neu gedacht hat, hab ich gelesen."

Der erste Josef Laufer hat vor gut 70 Jahren angefangen, eigenen Wein anzu-
bauen, erzählt mir sein Enkel:

„Er kaufte sich eine Korbpresse, um seine Weine zu produzieren. Er hat es
verstanden, bewährte traditionelle Methoden des Weinbaus zu bewahren,
und gleichzeitig in neue, in seinen Augen sinnvolle Technologien investiert.
Er war mit der erste Rheingauer Winzer, der eine für damalige Zeiten völlig
innovative Schlauchpresse anschaffte. Und die leistet im Übrigen auch heute
noch ihren Dienst im Weinkeller."

„Und dein Papa hat sein Winzer-Handwerk von ihm gelernt."

„Ja, und die Liebe zum Wein hat er auch von ihm geerbt, so wie ich von
meinem Vater."

„Ich kann mir denken, dass die Gäste aber nicht nur wegen der Weine zu
euch kommen. Wie ist das? Was zieht die Menschen hierher?"

„Da müsstest du eigentlich die Gäste fragen, Horst."

„Die Frage musst du dir aber doch auch schon gestellt haben, oder?"

„Ja, klar. Erstmal zieht der Rheingau die Leute an. Wir haben das Glück, der große Garten für die Städte ringsherum zu sein. Dann ist unsere Ecke hier natürlich als Genussregion bekannt. Zum einen der Rheingau-Riesling, zum anderen die schönen Plätze, wo der Gast einkehren kann. Davon haben wir nicht wenige. Man muss sich nur mal hier umschauen: 50 Meter weiter ist die Adlerwirtschaft von meinem Freund und Meisterkoch Franz Keller und ein paar Meter in die andere Richtung das Kronenschlösschen, wo mit einem Michelin-Stern gekocht wird. Zwei Top-Adressen. Und wir bilden die dritte kulinarische Anlaufstelle. Und so ist das im ganzen Rheingau. Überall kannst du kulinarische Entdeckungen machen."

„Und dein Hattenheim ist so eine Art kleines Bermudadreieck für Genussmenschen."

„Genau. Hier verschwinden die Stadtmenschen am Wochenende; anders als beim richtigen Bermudadreieck ist deren Verschwinden aber ganz unmysteriös. Und sie kommen glücklich wieder raus."

„Quasi besoffen vor Glück und Wein?"

„Sagen wir: angeheitert. Angeheitert ist doch ein toller Begriff. Die Menschen, die ins Gasthaus gehen, wollen dort eine heitere, entspannte Zeit verbringen. Mal rauskommen aus dem Alltag. Ich sage immer: Zum Essen gehen muss so sein, als würdest du ins Kino gehen. Ein guter Film lässt dich für ein paar Stunden die Welt vergessen, die um dich herum ist; vor allem deine Sorgen, aber auch die kleinen Lasten des Alltags. Wenn der Gast ankommt, ist er oft noch gestresst. Er dreht immer noch am Alltagsrad, das ja heute sehr schnell läuft. Der ist auf Adrenalin. Mit Rheingauer Freundlichkeit und indem wir auf den Gast eingehen, helfen wir ihm erst mal runterzukommen. Gut ankommen ist dabei ganz wichtig. Ein Glas Wein hilft fürs Erste ganz bestimmt. Nach einer Viertelstunde ist er dann auf Normalnull und bereit, den Besuch zu genießen."

„Also Freundlichkeit und Respekt für die äußere Anwendung und Wein für die innere …"

„Das wirkt fast immer. Wenn der Gast unser Haus dann wieder verlässt, fühlt er sich gestärkt vom guten Essen und Trinken und von ein bisschen Zuwendung durch uns; und auch sein Gemüt hat ein Polster. Auch die Seele ist angeheitert, wenn du so willst."

„Da gibt es ja diesen berühmten Satz, der sagt, was ein Gasthaus oder Gasthof, also ein Haus, wo du auch übernachten kannst, noch für den Gast sein soll: ein Zuhause, weit weg vom eigenen Zuhause."

Josef Laufer junior: „Ich sage immer: Zum Essen gehen muss so sein, als würdest du ins Kino gehen. Ein guter Film lässt dich für ein paar Stunden die Welt vergessen, die um dich herum ist; vor allem deine Sorgen, aber auch die kleinen Lasten des Alltags."

Josef Laufer junior: „Wenn der Gast unser Haus dann wieder verlässt, fühlt er sich gestärkt vom guten Essen und Trinken und von ein bisschen Zuwendung durch uns; und auch sein Gemüt hat ein Polster. Auch die Seele ist angeheitert."

„A home away from home. Das kenne ich noch gut aus meiner Zeit in Australien. Diese Formulierung ist aber auch so treffend, die ist kaum zu toppen. Mein Freund Franz Keller hat es ähnlich beschrieben: Heimat ist überall dort, wo sich der Geruch guten Essens verbreitet."

„Das ist wirklich sehr schön gesagt!"

Beim „sehr schön" steht Josef auf. Wir machen eine kurze Pause. Er will sich eben um zwei Gäste kümmern, die abreisen wollen.

Ich habe inzwischen Zeit, diesen Satz über Heimat und den Duft von gutem Essen noch mal nachzuschmecken. Das ist ja auch mit ein Grund, warum ich dieses Buch machen wollte. Ich habe einfach wissen wollen, was Gäste anzieht und warum sie ein bestimmtes Gasthaus immer wieder besuchen. Und dann haben mich auch die Erfahrungen interessiert, die Gastgeber mit ihren Gästen machen. Wie erleben sie den Gast, und vor allem, was erleben die Gäste mit ihnen? Wie geht man miteinander um?

Man hat das ja leider ganz oft. Wenn ich mit Kollegen spreche, die eigene Gasthäuser haben und auch Zimmer vermieten, da kann man Storys erleben, sensationell. Was die so zu erzählen haben!

Wenn der Gast abgereist ist, lernst du ihn ja oft erst kennen. Du gehst in sein Zimmer, in dem er ein oder zwei Nächte verbracht hat und denkst: „Respekt! Ganze Arbeit. Ein Chaos vom Feinsten. Hinterlassen die zuhause auch so einen, sorry, Saustall, wenn die ihre Wohnung oder ihr Haus verlassen? Putzen die zuhause etwa auch ihre schwarzen Lederschuhe mit ihren weißen Badehandtüchern blank?"

Klar wird das im Hotel alles gewaschen oder gereinigt. Aber mal ehrlich: Ist das dem nächsten Gast gegenüber nicht respektlos? Wollen wir uns denn mit einem Frotteetuch das Gesicht abwischen, mit dem sich vorher jemand die Schuhe sauber gemacht hat? Da fragt man sich als Gastwirt schon: Muss ich mir das antun?

Gott sei Dank sind diese speziellen Gäste relativ selten. Aber es gibt sie. Und ich denke, das sagt etwas über unsere Gesellschaft aus. Der Respekt vor der Arbeit und der Leistung anderer ist den Bach runtergegangen. Die Wertschätzung ist nicht mehr so da wie früher mal.

Wir leben heute in einer Dienstleistungsgesellschaft, wo du für jede Leistung zahlst. Klar. So funktioniert nun mal das System. Aber muss ich deshalb auch die Sau rauslassen? Nach dem Motto: Ich hab ja dafür gelöhnt, also kann sich ja der kümmern, der die Kohle dafür bekommt. Um beim Beispiel von eben zu bleiben: Der wäscht das ja sowieso oder lässt es reinigen. Da kann ich mir doch mal eben mit dem weißen Frotteehandtuch die Schuhe putzen.

Gedankenlosigkeit nenne ich so etwas. Derjenige macht sich keine Gedanken mehr über den, der es sauber machen muss. Und Saubermachen für andere ist ja sowieso eine Arbeit, die nichts wert ist. Da könnte ich mich ungeheuer drüber aufregen.

Auch wenn die positiven Erlebnisse sicher überwiegen. Es ist ein Phänomen. Und wir müssen aufpassen, dass es nicht überhandnimmt.

Ich komme nach meinem Aufreger schnell wieder runter, alleine indem ich zusehe, wie Josef mit den Gästen spricht. Die sind bestimmt kein negatives Erlebnis für ihn. Die kommen wieder, denke ich. Die fühlen sich hier herzlich willkommen. Für die war die Zeit hier auch schön.

Als Josef wieder an den Tisch kommt, hat er von meinem gedanklichen Ausflug logischerweise nichts mitbekommen. Ich greife sein Thema von vorhin auf:

„Heimat ist ein gutes Stichwort, Josef. Hatten wir eben. Heimat und Küche. Wie hat es dich nach Australien verschlagen?"

Er erzählt mir diese Geschichte dazu: Es war der Ruf eines seiner Gäste, eines Gastes, der in jungen Jahren mal einige Zeit in Australien in einer Gastfamilie gelebt hatte. Die Gasteltern seien ihm über die Jahre total ans Herz gewachsen, wären wie zweite Eltern für den geworden. Und selbst nach seiner Australien-Zeit sei er einmal im Jahr zu ihnen geflogen.

Also: Dieses Ehepaar hatte ein Motel in Coonabarabran, etwa 450 Kilometer nordwestlich von Sydney. Rundherum nichts als Gegend. „Somewhere in nowhere", wie Josef sagt, aber an einer Kreuzung zweier Highways gelegen, auf der Achse zwischen Brisbane und Melbourne. Und zudem nah bei einem Nationalpark. Also, was das Motel betrifft, strategisch günstig.

Eines Tages wollten die Gasteltern des Gastes von Josef das Motel verkaufen, aus Altersgründen.

Ohne lange drüber nachzudenken, hat der Gast das Motel gekauft. Er wollte nicht, dass sein Stück australisches Zuhause in irgendwelche Hände gerät. Sehr ehrenwert!

Kurz und gut: Er hat dann den Josef gefragt, ob er den Laden nicht etwas

Brisbane

Coonabarabran

Melbourne

in Schwung bringen könnte. Es gäbe da zwei Hausfrauen, die im Restaurant kochen würden, es aber nicht wirklich auf die Reihe bekämen. Und der Josef, genauso ohne lange drüber nachzudenken, nahm das Angebot an. Organisatorisch passte es für ihn gerade, und auch seine Freundin kam mit. Flüge und Gehalt zahlte der Gast.

In Australien angekommen, stellte Josef fest, dass die Hausfrauen quasi nur auf einen wie Josef gewartet hatten. Die seien happy gewesen, dass jemand für die Küche kam, weil sie dann gehen konnten, ohne dass das Restaurant hätte schließen müssen. – Die Rechnung ohne die kochenden Hausfrauen gemacht, würde ich sagen. Überraschung also. – Als Josef antrat, war die eine der beiden Hausfrauen schon weg. Die andere ist netterweise noch zwei Tage geblieben.

Also, alles klar. Mission Küchenübernahme hatte schon mal geklappt, wenn auch unfreiwillig. Dass es noch eine Mission zwei gab, stellte sich so langsam vor Ort heraus. Neben den Touristen und Durchreisenden mussten unbedingt die local people wieder für das Haus gewonnen werden. Das zweite Problem war nämlich, dass die Altbetreiber des Motels nicht besonders beliebt waren in der Stadt. Warum auch immer. Daher waren ihnen mehr und mehr die Bewohner von Coonabarabran als Gäste verlorengegangen. Offenbar gab und gibt es dort Alternativen, um zum Essen zu gehen. Und wie bei uns gibt es wohl auch in Australien Gasthäuser, wo der Gast sich als Gast fühlt und immer wieder gerne verweilt, und solche, zu dem die Menschen nicht so gerne hingehen. Das Prinzip GASThaus funktioniert eben weltweit. Und wenn mir hier in Deutschland mal die guten Adressen ausgehen, weiß ich jetzt schon, dass ich nach Australien fliegen kann – oder wohin auch immer –, um mich auch dort auf die Suche nach den richtig guten Gasthäusern zu machen.

Jedenfalls: Josef war nach dem raschen Abgang der beiden Frauen also jetzt der Herr in der Motelküche, und zwar der einzige und damit im wahrsten Wortsinn auch Alleinkoch. Damit hatte der Laden schon mal ein echtes Alleinstellungsmerkmal, könnte man sagen. Sehr lustig. Nur hatte Josef damit eigentlich nicht gerechnet. Apropos gerechnet. Hier bahnt sich die dritte Überraschung ihren Weg.

In dem Kaff gab es nicht nur zwei oder drei, sondern jede Menge Motels. Also reichlich Konkurrenz. Warum? Von Melbourne bis Coonabarabran sind es genau 1000 Kilometer. Ebenso von Coonabarabran bis zum Pazifik an die Goldcoast. In den Ferien machen alle Durchreisenden zweimal in Coonabarabran Stopp – einmal auf dem Hin- und einmal auf dem Rückweg. Wieso? In Australien darfst du nur 100 Kilometer pro Stunde fahren. Nach zehn Stunden bist du platt und machst genau auf halber Strecke deiner Reise in Coonabarabran Halt. Das wissen auch die Betreiber der anderen zwei Dutzend Motels.

Viele Gäste. Sehr schön! Aber auch viele Motels und damit viel Wettbewerb. Mission drei lautete darum in etwa: Wir müssen uns gegen die anderen Motels behaupten.

Alles in allem verdammt viele Missionen für ein halbes Jahr. Was Josef aber auch erkennen musste: Wenn er den australischen Boden wieder verlassen würde, wäre das mit Sicherheit auch das Ende des Motel-Restaurants. Denn es gab ja niemanden, der da war, um weiterzumachen.

Coonabarabran – für Josef also eine Mission auf verlorenem Boden? Jein, denn dabei hat er auch viele wertvolle Erfahrungen gesammelt.

Im Leben verläuft eben nicht alles immer schnurgerade. So läuft das Leben eben nicht. Das Scheitern gehört zum Erfahrungsammeln dazu.

Ich weiß, wovon ich rede. Ich bin in meinem Leben so oft auf die Schnauze gefallen und wieder aufgestanden, man kann es sich nicht vorstellen. Das Gute daran war: Ich konnte aus meinen Niederlagen lernen. Die Herausforderungen haben mich kreativ gemacht. Ich musste nach Lösungen suchen. Nach Wegen. Und manchmal, wie bei Josef, führen die eben über Australien.

„Man nimmt immer was mit", sagt Josef. „Ich war zum ersten Mal eigenverantwortlich. Ich wurde ins kalte Wasser geworfen, bin aber dran gewachsen."

„Nicht untergegangen im kalten Wasser. Du bist ja sowieso ein Sportsmann, habe ich erfahren. Läufst Marathon. Bist du nicht ausgelastet in deinem Job?"

„Klar doch. Und genau darum brauche ich einen Ausgleich, eine zweite Herausforderung, die nichts mit meinem Beruf zu tun hat. Andere Kollegen fahren Rennrad oder spielen Fußball oder Golf. Ich werde jetzt bald meinen ersten Triathlon angehen."

„Laufen, Schwimmen, Radfahren? Du meine Güte!"

„Du kennst dich aber aus, Horst."

„Ich mach auch so was Ähnliches: TV-Kochen, Theater-Tournee, Bücher-

Josef Laufer junior: „Mein Vater hat mich als würdigen Nachfolger mit Herzblut, Freude und Witz bezeichnet, der den Familienbetrieb weiterführt. Das ging schon mächtig unter die Haut. Aber das hab ich natürlich auch genauso angenommen, wie er es gesagt hat. Da leben wir Laufers einfach mit. Dafür sind wir viel zu viel Gasthaus."

Josef Laufer

schreiben. Dafür bin ich das ganze Jahr unterwegs. Im Schnitt 200 Nächte im Hotel. Letztes Jahr sogar 280. Ich bin auch ein Marathon-Mann, wie du."

„Ja, ich brauche das. Ich laufe in ganz Europa. Ich reise, komme rum, ich sehe Neues, um neue Ideen zu entwickeln, gewinne Eindrücke, die mich weiterbringen. Und ich kann mich selbst überprüfen im Vergleich mit anderen, die ich treffe."

Ich möchte noch mal auf das Thema Wein zu sprechen kommen:

„Josef, du bist ja sozusagen jetzt Diplom-Rheingauer. Du hast ein besonderes Gespür für Rheingauer Wein. Ich sag nur ‚Metternich Award'. "

„Ja, wenn ein Gast etwas bestellen möchte – einen Wein –, dann frage ich ihn erst mal, was er gerne essen möchte. Vor allem möchte ich mit diesem Menschen erst einmal zwei bis drei Sätze reden. Dann sehe ich, was der trinken will."

„Aha! Vinologische Psychologie."

„Gibt's das?"

„Jetzt ja … und man muss sich eigentlich ja nicht darüber wundern, wenn man wie du als Bewahrer der Weinkultur, in dessen Adern Riesling fließt, beschrieben wird. Hab ich gelesen. Der Master Sommelier Hendrik Thoma als Laudator hat diese blumigen Worte für dich gefunden. Denn du bist vor nicht allzu langer Zeit ausgezeichnet worden und hast den Sonderpreis der Jury des ‚Metternich Award' erhalten. Eine große Ehre. Mein lieber Mann! Da werden schließlich die besten Weinkarten deutscher Gastrobetriebe ausgezeichnet. Die 900 Positionen auf der Weinkarte und die 14 000 Flaschen Wein in eurem Keller müssen die Jury wohl stark beeindruckt haben. Und dein Vater wurde als Unikat der alten Schule und als Meister der Gastronomie tituliert."

„Ja, Wahnsinn. Mein Vater hat dann das Lob an seinen Sohn weitergegeben und mich als würdigen Nachfolger mit Herzblut, Freude und Witz bezeichnet, der den Familienbetrieb weiterführt. Das ging schon mächtig unter die Haut. Aber das hab ich natürlich auch genauso angenommen, wie er es gesagt hat. Da leben wir Laufers einfach mit. Dafür sind wir viel zu viel Gasthaus."

Ja, keine Frage, es läuft im Gasthaus der Laufers. Nicht nur der Wein. Das ist mein Eindruck nach diesem Morgen. Nein, auch Josef Laufer der Dritte kann sich seine Gäste selbstverständlich nicht aussuchen. Aber die Gäste, die den Krug aussuchen, sind bestimmt auch die, die er sich als seine Gäste wünscht. Es läuft rund, kann ich abschließend sagen.

Und ich laufe mal zurück zu meinem Hotel. Jetzt kenne ich ja den Weg. Und wenn ich unsicher bin, schaue ich auf diese Tafel am Ortsausgang mit der Umgebungskarte. Und dann weiß ich, dass ich mich genau da befinde, wo die Stelle auf der Karte so abgenutzt ist, dass man eigentlich nicht mehr erkennen kann, wo man steht. Nämlich genau hier. Mit beiden Beinen in Eltville und im Leben. Wie Josef Laufer der Dritte.

WARTEN, BIS DER TEIG AUFGEHT

Spielweg
MÜNSTERTAL

Vom faulsten Kochlehrling im Schwarzwald – so seine Oma – zum gefeierten Sternekoch – so der Michelin – zum ausgewiesenen Wild-Weltmeister – so die FAZ – zum herzlichen Romantik-Hotelmanager – so seine Gäste – zum geduldigsten Wurst-Kurs-Leiter – so seine Schüler – zum leidenschaftlichen Käser – so er selbst. Dazwischen liegen fast 40 Jahre. Respekt! Das war für Karl-Josef Fuchs ganz bestimmt kein Spiel-Weg. Auch wenn sein Romantik-Hotel, das er im Münstertal führt, genau so heißt: Spielweg.

Als Karl-Josef sich entschloss, selbst Käse zu machen, sagte sein Vater zu ihm: „Ich hab den ganzen Theater abgeschafft, und du fangst wieder damit an." Das Ganze sagte er im breitesten Alemannisch. Das spricht man hier im Schwarzwald und sprach man früher sicher noch viel öfter.

Karl-Josef erklärt: „Als Alemannisch bezeichnet mer dr Dialäkt, di Sproch, wu im Südweschte vum ditsche Sprochrüüm gschwätzt wird. Alemannisch wird vo uugfähr zäe Millione Mänsche gredet."

„Aha!", sage ich, „und von kaum jemandem von außerhalb verstanden."

Was der Vater mit Theater meinte, so übersetzt mir Karl-Josef, war das Multi-unternehmen Fuchs. Das Haus am Spielweg im Münstertal war nämlich früher nicht nur Wirtschaft. Vielfalt bedeutete Existenzsicherung. Von einem Handwerk alleine konnte man nicht leben und schon gar nicht überleben. Also gab es noch die Landwirtschaft, die Bäckerei, eine Hausmetzgerei, aber ohne Laden, eine Holzhandlung, ein Fuhrunternehmen und auch eine Tank-stelle Marke Leuna, wo wahrscheinlich seinerzeit die Väter der Klamotte ihre Benzinkutschen auftankten. Schade, dass es die nicht mehr gibt. Ich liebe die-se ganzen alten Sachen – nicht weil es Gegenstände sind, sondern wegen der Geschichten. Wer weiß, wer hier schon alles getankt hat …

Jedenfalls war der Vater von Karl-Josef froh, als er sein Werk, das er Anfang der 1960er Jahre mit seiner Mutter, der Seniorchefin Frida Fuchs (Omma Fuchs) in Angriff genommen hatte, Mitte der 1990er als vollendet ansah: Er hatte das Fuchs-Geschäft ganz auf Gastronomie, auf Restaurant und Hotel, konzentriert. Mit seinen Worten: Er hatte es von dem ganzen Theater-Drumherum befreit.

„Dein Vater war nicht so happy, dass du jetzt in Käse machen wolltest?"

„Dem gefiel das nicht. Für den war der Teig ja aufgegangen. Für mich aber noch nicht. Er hat es aber hingenommen. – Spielweg bedeutet übrigens Trennweg, Horst. Am Spielweg teilen sich die ehemals wichtigen Handelswege in Richtung Schauinsland und ins Wiesental. Manchmal teilen sich aber auch die Wege zwischen den Generationen. Vor allem muss man sich aber von den Meinungen außerhalb der Familie frei machen, die sagen: Aha, jetzt hat er keine Lust mehr auf Kochen, jetzt wird er Käser. Oder: Der hat so viel verdient mit seinem Restaurant, der kann sich einfach mal so ein Experiment wie eine Käserei leisten."

Karl-Josef erzählt weiter, dass die entscheidenden Weichen für das heutige große Anwesen nach dem Krieg seine Großmutter, Frida Burgert, verwitwete Fuchs und verheiratete Stemmle, stellte. Also Omma Fuchs. Sie hat unter anderem die Gästezimmer modernisiert und ein weiteres Gästehaus bauen lassen.

Wir sitzen in der Ungerer-Stube im Stammhaus vom Spielweg. Alles ist super herausgeputzt. Feine, weiße Tischwäsche, gestärkte Stoffservietten, Silberbesteck. Die üppigen roten Geranien vor den Fenstern verdecken fast den Blick nach draußen. Hier drinnen siehst du an den Wänden überall Originale von Tomi Ungerer. Der französische Zeichner ist hier schon ewig Stammgast.

„Erzähl noch mal was zu eurem Haus und zu dem Namen Spielweg."

„Wie gesagt, der Name Spielweg geht auf das altdeutsche Wort ‚spill' für ‚teilen' zurück. An diesem Ort teilt sich das Tal in zwei Täler. Wie so oft an einer solchen Stelle steht auch hier ein Gasthof. Die älteste Urkunde, in der ein Wirtschaftsrecht an ein Haus im ‚Spihlweg' verliehen wurde, stammt von 1705. In einer Urkunde des Klosters St. Trudpert heißt es:

Das Haus soll im Oberen Münstertal das Gemeindewirtshaus und Stube sein, darin sollen Hochzeiten, Kirchenweihen, Fasnacht und Neujahrsfeiern abgehalten werden.

Dem Hauswirt, einem gewissen Michel Wysler, wurde auferlegt, die Stuben jederzeit sauber, zur Winterszeit eingeheizt und bequem zu halten und jedem ‚umb ein Billichen Preiß essen, trinken und übernacht die Beherbergung' zu geben.

Der Name Fuchs taucht dann mit Karl Fuchs dem Ersten in der Spielweg-Geschichte auf, der das Haus 1861 erwarb. Überliefert ist der Beschluss des Großherzoglichen Bezirksamtes Staufen vom 20. Juli 1861. Darin heißt es sinngemäß: Dem Carl Fuchs von Wettelbrunn wird hiermit zum Betrieb der Gastwirtschaft zum Hirschen Spielweg in Obermünsterthal die polizeiliche Erlaubnis erteilt."

Karl-Josef erzählt weiter, dass die entscheidenden Weichen für das heutige große Anwesen nach dem Krieg seine Großmutter, Frida Burgert, verwitwete Fuchs und verheiratete Stemmle, stellte. Also Omma Fuchs. Sie hat unter anderem die Gästezimmer modernisiert und ein weiteres Gästehaus bauen lassen. Bei alldem, was sie geleistet hat, wurde Frida Stemmle-Fuchs wohl eine ziemliche Berühmtheit. 1979 wurde sie sogar mit dem Bundesverdienstkreuz ausgezeichnet. Die Seniorchefin stand damals auch in der Spielweg-Küche, denn Köchin hatte Frida gelernt.

Es folgten mit Hansjörg Fuchs und seiner in der internationalen Hotellerie geschulten Frau Josefine die Eltern von Karl-Josef. Beide setzten die Tradition des Hauses fort. Und es wird wohl weitergehen. Karl-Josef und Sabine Fuchs haben zwei Kinder. Kristin hat Hotelmanagement studiert und Viktoria Köchin gelernt. Karl-Josef hofft sehr, dass auch hier der Teig eines Tages aufgehen wird und die Töchter übernehmen.

Übrigens muss ich zur Spielweg-Bäckerei, die es ja hier, wie gesagt, auch mal gegeben hat, was erzählen. Hansjörg Fuchs, also der Vater von Karl-Josef, hat hier ab 1950 als Bäcker gearbeitet. Seine Bäckerlehre hatte er zuvor in der Freiburger Schusterstraße gemacht, und zwar auf Anweisung von der Omma. Die hat ein strenges Regiment geführt, erzählt mir Karl-Josef. Die hat gesagt:

„Backen ist erst mal wichtiger als Kochen. Du wirst Bäcker, Hansjörg."

Für sie war klar: Es gibt eine Spielweg-Bäckerei, und die kann produzieren, was wir verkaufen können, und das zahlt am Ende des Tages auf unser Konto ein. Karl-Josef kann das bestätigen:

„Die ersten Nachkriegsjahre, so weiß ich aus Erzählungen meiner Eltern und Großeltern, waren auch für unser Traditionsgasthaus sehr hart. Das Handwerk hat uns überleben lassen, und dazu gehörten nicht nur die Landwirtschaft und das Vieh inklusive hauseigener Metzgerei und der hofeigene Fuhrbetrieb für Holz, sondern entscheidend der Mehlhandel und die einzige öffentliche Bäckerei in der Umgebung. Unsere Bäckerei lieferte alle zwei Tage körbeweise Brot und Brötchen an einheimische Krämereien und Wirtschaften. Über viele Jahre sorgte die Spielweg-Bäckerei gewissermaßen fürs tägliche Brot der einheimischen Bevölkerung und damit auch entscheidend für unser Auskommen. Die Bäckerei gab es noch bis 1979."

„**Noch mal deine Omma.** Die war ja wohl sehr speziell. Außerdem sehr imposant. Ich hab auf einem alten Foto gesehen: Die war sehr groß, schlank, und mir schien sie ganz schön kräftig. Und wenn ich das mit deinem Vater höre ... Hat sie die Fäden hier gezogen?"

„Das kann man wohl sagen. Als ich meine Lehrstelle als Koch bei Franz Keller senior im Schwarzen Adler in Oberbergen antreten wollte, ist sie zu ihm hin und hat zu ihm gesagt: ‚Du kriegst den faulsten Lehrling, den du dir vorstellen kannst.'"

„Das hat sie gesagt? Die alte Füchsin ..."

„Aus Angst, ich könnte nicht genug arbeiten. Sie hatte immer Angst, alle würden nicht genug arbeiten. Außer ihr natürlich. Und so ist sie zu Franz Keller und hat den anspitzen wollen, damit der mich ordentlich rannimmt."

Karl-Josef Fuchs: „Unsere Bäckerei lieferte alle zwei Tage körbeweise Brot und Brötchen an einheimische Krämereien und Wirtschaften. Über viele Jahre sorgte die Spielweg-Bäckerei gewissermaßen fürs tägliche Brot der einheimischen Bevölkerung und damit auch entscheidend für unser Auskommen."

Mit meiner Oldiethek hatte ich mir endlich den Traum erfüllt. Ich hatte alle Herzensdinge um mich herum versammelt, inklusive der Menschen, mit denen ich darüber plaudern konnte – und sie dabei bekochen. Mit meinem Laden lebte ich endlich den Traum, von dem ich schon als Kind geträumt habe: als Clown die Menschen glücklich machen.

„Unglaublich. Aber ist ja Gott sei Dank doch noch was aus dir geworden. Trotz oder wegen der Omma?"

„Ich weiß es nicht. Beim Ungerer hab ich mal gelesen: ‚In den Geheimnissen liegt die Poesie des Lebens.' Man muss nicht alles ergründen und erklären. Vieles hängt ja auch vom Zufall ab. Das mit der Käserei war auch so eine Sache, weischt, Horst."

„Erzähl mal …"

„Das ist eine kurze Story. Ich hatte mich schon einige Zeit mit dem Gedanken getragen, selbst Käse zu machen. Irgendwie war das ein Traum von mir. Wahrscheinlich hat das auch was mit unserer Umgebung hier zu tun. Wir haben hier alle Voraussetzungen für die Käseherstellung: die Höhenlage, das Klima, die Landwirtschaft, saftige Wiesen und Weiden und unsere Hinterwälder Rinderrasse. Die Milch für meinen Spielweger Käse kommt vom Drehbachhof der Familie Scherer aus dem Oberen Münstertal. Die machen hervorragende Milchqualität, durch die geographische Lage der Wiesen und Weideflächen, die über 1000 Meter über Normalnull liegen, und durch die Bewirtschaftung. Die Flächen werden extensiv bewirtschaftet und schonend gedüngt. Darauf wächst eine Artenvielfalt an Gräsern und Kräutern, die das Aroma und die Würze der Milch wunderbar prägen. – Aber ich verliere mich schon wieder in meiner Käse-Leidenschft … – Also, wie kam ich nun tatsächlich zur Käserei? Im Grunde banal. Ein Zufall. Auf einer Veranstaltung kam ich mit einem Sägewerksbesitzer ins Gespräch. Ein Mann aus dem Ländle, ein Wälder wie ich. Wir verstanden uns auf Anhieb. Ich erzählte ihm auch von meinem Traum, selbst Käse machen zu wollen. Eine Käserei? Da würde er sich sofort beteiligen. Tja, und mit dem Impuls dachte ich: Jetzt musst du es machen, Karl-Josef. Ran an den Chäs."

Ja, die Träume … Ich muss Karl-Josef auch von einem Traum erzählen. Nämlich wie ich an meine Oldiethek kam. Bei mir war es ein Jugendtraum. Ich hab ja wie mein Vater erst mal im Bergbau gearbeitet. Viele wissen sicher, dass ich aus Rommerskirchen komme. Und da wurde seit Generationen in der Brikettfabrik malocht. Dieses Leben war aber nicht meins. Aber am Anfang wusste ich es nicht besser. Also hab ich auch meine Schichten gekloppt. Um es kurz zu machen: Erst mit dem zweiten Schicksalsschlag erkannte ich, wie mein eigenes Leben aussehen muss.

Ich fand in Rommerskirchen zufällig eine leerstehende Halle. Wenn die gerade jetzt leersteht, sagte ich mir, dann sollst du sie jetzt mit Leben füllen, Horst. Ich wollte da einen Ort schaffen für mich, für meinen ganzen gesammelten Kram und für die Menschen, die ich mochte. Das Problem war nur: Meine Kasse war genauso leer wie die Halle. Trotzdem hab ich mir das Ding gekrallt. Für 700 Mark Miete monatlich. Der Anfang war gemacht. Es lief ein paar Monate mehr schlecht als recht.

Eines Tages platzt so ein netter Herr vom Gesundheitsamt in meinen Laden. Der fand meine Oldiethek klasse. Obwohl er das eigentlich gar nicht durfte. Denn, blickte er durch seine Gesundheitsamtsbrille, fehlten in seinen Augen wesentliche Dinge: vernünftige Toiletten, eine ordentliche Absaugtechnik und eine Spülanlage, die ihren Namen verdient hätte. Wat soll ich sagen: Der Mann ging und ließ mich mit einem 50 000-Mark-Problem zurück. Sehr nett. Ich war echt verzweifelt. So ein Kokolores, dachte ich. So ein netter Mensch und so ein A... – Amtsschimmel.

Dann kam mir Gott sei Dank eine Idee. Ich nahm ein Blatt, schrieb alles an Mobiliar und Inventar darauf zusammen und hinter jede Position eine schöne, große Zahl. Unten drunter machte ich einen Strich und wunderte mich, was für ein reicher Mann ich eigentlich war. Mit meinem Plan, meinem Blatt und der fetten Zahl am Ende meiner Berechnung fuhr ich zur örtlichen Filiale der Kreissparkasse. Ich traf Herrn Kniepen, einen Banker alter Schule.Und dem erzählte ich von meinen furiosen Expansionsplänen. Und dass alles sicher sei, alles abgesichert. Mit Sicherheit. Sicherheit ist ein Wort, das Banker lieben.

Meine Berechnung war natürlich im wahrsten Sinne Berechnung. Aber ich hatte vielleicht auch Glück. Damals gab es noch echte Banker, die einem geholfen haben, wenn man Kohle brauchte. Von Vorteil war, dass der wie ich einer von hier war. Eine ähnliche Geschichte wie bei Karl-Josef, wo er und sein Käsefreund beide Wälder waren.

Ich konnte durchatmen und durchstarten.

Mit meiner Oldiethek hatte ich mir endlich den Traum erfüllt. Ich hatte alle Herzensdinge um mich herum versammelt, inklusive der Menschen, mit denen ich darüber plaudern konnte – und sie dabei bekochen. Mit meinem Laden lebte ich endlich den Traum, von dem ich schon als Kind geträumt habe: als Clown die Menschen glücklich machen.

Ich glaube – nein, ich weiß heute –, wie wichtig Jugendträume sind und dass man sie verfolgen muss. Wer seine Träume missachtet, führt das falsche

Leben. Träume sind ein wesentlicher Teil deiner Persönlichkeit. Die verschwinden im Laufe des Lebens nicht, sondern werden mit der Zeit nur von Sachzwängen überdeckt. Vom Alltag und vom alltäglichen Mist. Interessant ist, dass es oft persönliche Krisen sind, die die Menschen wieder auf ihre Träume stoßen, und dass viele sie erst dann Wirklichkeit werden lassen.

Ich kann nur jedem raten: Träumt nicht euer Leben, sondern lebt euren Traum. Der Spruch ist nicht von mir. Ich weiß. Aber scheißegal! Ich weiß, was dahintersteckt. Das garantiere ich euch. Und wartet nicht erst auf einen Anstoß von außen, womöglich auf einen Schicksalsschlag, eine Krise. Geht aktiv mit euren Träumen um. Wartet nicht zu lange. Denn eins ist sicher: Wir haben auf dieser Erde nicht ewig Zeit, Leute.

Ich meine damit auch, dass man sein Leben nicht verplempern sollte. Das hat auch was mit dem Respekt vor dem Leben zu tun. Wir haben nur das eine. Es ist einzigartig.

Ob sich Karl-Josef darüber solche Gedanken gemacht hat, als er an seinen Käse dachte, weiß ich nicht. Aber bestimmt war da eine innere Stimme, die gesagt hat: Machen! Jetzt! Und ich sage euch: Euer Unterbewusstsein weiß manchmal Dinge schon lange, bevor ihr sie wisst.

Es ist gut, auf seine innere Stimme zu achten. Das hat auch was mit Respekt zu tun. Respekt vor sich selbst. Vielleicht hat das bei Karl-Josef unterbewusst auch eine Rolle gespielt.

Ich habe mich oft gefragt, was Respekt heißt. Klar, Respekt heißt Achtung. Auch Achtsamkeit, Aufmerksamkeit. Rücksicht nehmen. Wertschätzung. Das sind alles Begriffe, die wir kennen. Aber was sagen sie uns? Es macht Sinn, mal wieder darüber nachzudenken. Respekt ist wichtig für unser Zusammenleben. Unsere Gesellschaft braucht heute mehr denn je ein respektvolles und solidarisches Miteinander.

Respekt ist eigentlich ein ganz einfaches Werkzeug. Bedauerlich ist, dass viele es nicht mehr beherrschen.

Vielleicht war das auch ein Grund dafür, warum ich dieses Buch machen wollte. Meine Idee war zu zeigen, wie respektvoller Umgang in alle Lebens- und Arbeitsbereiche hineinreicht und wie Respekt das gesellschaftliche Getriebe am Laufen hält. Eigentlich überall dort, wo Menschen miteinander zu tun haben, wie man so sagt.

Die Gastronomie ist für mich da ein Paradebeispiel. Hier spielen sich alle Dramen, wie man sie aus dem großen Leben kennt, im Kleinen ab. Hier sieht man auch sehr schnell, wenn etwas nicht funktioniert. Diese überschaubare Hotel- und Gastrowelt ist wie ein Brennglas. Sensationell.

Um wieder zum Spielweg zurückzukommen: Der Vater von Karl-Josef war ganz bestimmt nicht happy, als sein Sohn ihm sagte, dass er in eine Käserei investieren wollte. Aber der Alte hat die Entscheidung des Sohnes dann doch respektiert. Und nur so konnte es gutgehen zwischen den Generationen.

Am Schluss unseres Treffens werfen wir noch einen Blick in die Käserei von Karl-Josef. Das lasse ich mir nicht nehmen. Karl-Josef macht einen Käse, den er Spielweger nennt. Beim Spielweger, erklärt er mir, wird die über Nacht gekühlte Abendmilch und die frische Morgenmilch zu jeweils gleichen Teilen verkäst. – Morgenmilch und Abendmilch – mein Gott! Das ist ja schon fast Poesie. – Das Herstellungsverfahren sei traditionell, hunderte von Jahren alt. Nur statt eines Holzfeuers wärmt heute ein Gasbrenner die Milch im großen Kupferkessel. Die Gerinnung der Milch erfolgt durch Natur-Kälberlab, und auch die weiteren Fertigungsschritte sind traditionelle Handarbeit.

Der Spielweger reift dann ein halbes Jahr im Reifekeller bei hoher Luftfeuchtigkeit und gleichbleibender Temperatur. Ganz ohne klimaunterstützende Geräte, damit sich der Geschmack voll entfalten kann. Dabei wird der Käse mehrmals wöchentlich gewendet und „geschmiert". Das bedeutet: Mit einer Bürste und leichtem Salzwasser wird die Rinde gepflegt. Alles aufwendige Handarbeit, aus der am Schluss eine landschaftstypische Käsespezialität wird.

Was im Käse und um das Käsemachen herum noch alles passiert, bleibt für mich ein Geheimnis. Da fällt mir wieder Tomi Ungerer ein: „In den Geheimnissen liegt die Poesie des Lebens." Schöner hätte ich das auch nicht sagen können. Hätte ich es versucht, wäre wahrscheinlich nur Käse rausgekommen.

Ich habe mich oft gefragt, was Respekt heißt. Klar, Respekt heißt Achtung. Auch Achtsamkeit, Aufmerksamkeit. Rücksicht nehmen. Wertschätzung. Das sind alles Begriffe, die wir kennen. Aber was sagen sie uns? Es macht Sinn, mal wieder darüber nachzudenken.

„Fahrt da mal hin, Leute!
Weil, dat is wichtich."